中経の文庫

池上彰×津田大介

テレビ・新聞・ネットを読む技術

池上 彰・津田大介

KADOKAWA

はじめに

僕が池上彰さんを初めて知ったのは、大学生のとき、たまたまつけたテレビでやっていた「週刊こどもニュース」でした。

画面に出てきた「お父さん」のニュース解説は、随所に子どもにも伝わるような工夫が施されていました。「子ども向けに本気でニュースを伝えようとすると、話題になっているニュースの本質がこんなにも見えるようになるんだ……NHKやるな！」と興奮したことを昨日のことのように思い出します。

当時の僕は「将来的には、ジャーナリストとかなれるといいな……」と思いつつも、具体的には何もせずただひたすら怠惰《たいだ》な生活を送っている典型的ダメ学生でした。大学4年のとき、出版社に絞って就職活動をするも全滅。それでも物書きになることへの思いは捨てられず、何とかアルバイトでパソコンやネット関連の雑誌ライターの仕事をゲットして、そこから物書きのキャリアが始まりました。

あれから二十年が経ち、さまざまな紆余《うよ》曲折《きょくせつ》を経て僕は今メディアについて大学で教えたり、意見を求められたりするジャーナリストになりました。マスメディアへの就職活動では箸《はし》にも棒にも引っかからなかった「落ちこぼれ」の僕が、ジャーナリストの「王道」を歩んできた池上さんと共著で本を出せるのですから、人生とは不思議なものです。

物事をわかりやすく伝える力にしても、備えている知識や教養にしても、ジャーナリストとしての僕は、ほぼすべての点で池上さんの足下にも及びません。でも、ひとつだけ、池上さんができなかった経験をしています。それは「既存メディアへの就職経験がない」ということです。何かと徒弟制度的なノウハウ伝授が行われがちなこのマスコミ業界において、僕には物書きの「師匠」と呼べる存在がいません。執筆や取材のやり方はもちろん、営業や企画立案まですべては見よう見まね、独学で試行錯誤しながら身に付けてきました。でも、振り返ってみるとそれが今の僕を形作っているのです。

おそらく僕は、組織ジャーナリズムの一員にならなかったからこそ、型にはまらず、新しいネットメディアをジャーナリズムに応用する実験をいち早くすることができたのだと思います。パトロン的存在に頼らずメディアを自力でマネタイズして運営するノウハウを身につけることができたのも、食っていくためにはアングラ雑誌だろうが、情報誌の小さな店の取材記事だろうが、どんな仕事でも請ける貧乏フリーライターの経験があったからです。

池上さんが僕の話に耳を傾けてくださるのは、僕がいまだにもがきながら新しいメディアで実験を続けるその姿勢にあるんじゃないかと思います。僕のやっていることを通じ、激変するメディア環境の先端で起きていることを冷静に分析している池上さんの姿が目に浮かびます。

しかし、モルモットとして観察されてばかりの立場なのも、それはそれでくやしい。なので、今回この対談本を作るにあたり、僕はひとつテーマを設定しました。それは、「池上さんがなぜ今のような情報発信のスタイルに行き着いたのか明らかにする」ということです。もちろん、さまざまなインタビューでそのことは明らかにされているのですが、それを読んでも僕の中では「まだ池上さんは本音を隠してるんじゃないかな」という思いがぬぐえない。決して自分の意見を言わない池上さんの情報発信スタイルの奥底にはどんな熱い思いがあるのか。その本音を引き出すことができればインタビュアーとしては「勝ち」かなと。個人的にはそれが本書の裏テーマでした。

え、結果はどうだったって？　あくまで自己評価ですが、それなりには迫ることができたかなと。ギリギリ「判定勝利」ぐらいの感じでしょうか。

本書は一見、テレビ、新聞、ネットを題材にしたメディア論であるように見えます。でも、実際は「人は情報とどのように向き合っていくべきなのか、はみ出し者の視点から語ってみた」という本なのではないかと思っています。池上さんもまた型にはまらない「はみ出し者」です。そうでなければ、好きこのんで超安定企業のNHKを飛び出して今のような形で情報発信はしていないでしょう。

ここ数年、池上さんとさまざまな形で対談させていただく機会が増えました。それによって、それまでモヤっとしていた自分のメディア観がどんどんクリアになっていきました。僕にはずっと「師匠」がいなかったんですが、よくよく考えたらこの数年間は池上さんの背中を見ることで、情報を伝えることの難しさや楽しさを、改めて教えてもらっていたんじゃないかと。「あれ、気づいたら師匠いたじゃん、俺」っていう。

本書も刊行されたことですし、勝手なお願いなんですけど、池上さんが許してくださるなら、僕、これから「池上彰の弟子」を名乗っていきたいなと。

いいですよね、師匠！

津田 大介

本文デザイン・DTP　金澤浩二(FUKIDASHI Inc.)

池上彰×津田大介

テレビ・新聞・ネットを読む技術　目次

池上彰×津田大介　テレビ・新聞・ネットを読む技術　目次

第一章　テレビの報道、どうあるべき？

第二章

新聞をネット社会で活かす方法

第三章

ネットの情報、どう付き合えばいい？

第四章

「伝える」ことで、情報はインプットできる

第五章

池上流・情報ストック術

第一章

テレビの報道、どうあるべき？

NHKは「強い」!?

津田　ネット上には、マスコミのことを「マスゴミ」と揶揄《やゆ》する人がいます。事実に基づかない意図的な記事の捏造《ねつぞう》をしたり、公平性を欠いた偏向報道をしたりする点を批判しているわけですね。また、そもそも「報道をする」という役割をネットに取って代わられたということで、「オワコン（「終わったコンテンツ」の略。時代遅れのメディア）だ」と指摘する人もいます。

　それぞれ、一理あるとは思います。報道レベルでも数年に一度は、朝日新聞の珊瑚《さんご》落書き事件【注1】やTBSの不二家捏造報道事件【注2】など、あきらかな「捏造報道」が流れますし、テレビのバラエティ番組にいたってはやらせと表裏一体な「過剰演出」は枚挙に暇《いとま》がありません。また、記者会見や国会中継がネットの動画サイトで生放送され、官庁の公式発表はそれぞれのウェブサイトに掲載されている今、記者クラブを持つ既存マスコミの優位性は薄れてきていると言えます。一次情報にして

も、分析記事にしても、ネット上を探せば良い記事はいくらでも転がっています。**でもやはり、マスコミにはマスコミにしかできない重要な仕事がある。**その中でもNHKは、経営的にも、番組の質という点でも安泰というか、磐石《ばんじゃく》ですよね。これはネット側から見た感覚というだけでなく、民放テレビ局にいる報道畑の人たちも同じように考えているようです。話を訊《き》くとみんな「NHKは特別だ」って言いますから。では、NHKと民放では何が違うのか。

これは、「ジャーナリズムとは何か」という本質的な問題とも関わってくると思うのですが、一番の大きな違いは、民放は「商業性」と「公共性」のはざまでジャーナリズムを成立させなくてはいけないということです。もちろん、NHKも商業性とは無縁ではないと思います。紅白歌合戦や朝の連続テレビ小説、それに大河ドラマの視聴率が大きな注目を集めることを見ても分かるように、NHKにしたところで「たくさんの人から視聴してもらう」というのは重要な要素です。ただ、民放のように視聴率がそのままテレビ局の利益や番組の制作費に結びつくことはありません。だから、スタッフが「放送するべき」と判断した内容の番組を、制作費を気にせず時間をかけてハイクオリティで作ることもできる。

一方で民放は、バラエティ番組やドラマにスポンサーがたくさんついて儲かっているときは、そのお金を使って公共性の高い番組を作れます。でも、儲からなくなると、とにかく会社を維持していかなくてはいけませんから、「公共性」にまで気を回すことができなくなる。実際、今は以前に比べてスポンサーがつかなくなっているので、思うような番組を作ることはできていない状況です。これからは、このNHKと民放の格差がさらに広がっていくでしょう。

結局、ネット放送への取り組みや、ソーシャルメディアとの連携も、NHKは先んじています。僕もナビゲーターとして一年間レギュラー出演させてもらった「NEWS WEB 24」【注3】（当時）のような番組をスタートさせたことなどを見ても、テレビ局の中で一番「実験」できている気がします。

池上　二〇〇八年に起きたリーマン・ショック【注4】のあと、民放は制作費を一気にカットしましたね。そのときに、テレビ業界では興味深い動きがあったんです。これまで民放でしか仕事をしていなかった制作プロダクションが、NHKにドッと流れてきたんですね。彼らからすると「民放はもうまともに番組を作るだけの制作費を出してくれない。でもNHKなら出してくれる」と考えたわけです。まあ、これまでは、NHKは大してお金を出してくれないから、たくさんお金の出る民放で仕事をしていたのですが、リーマン・ショックによって状況が逆転してしまったということです。こうして、民放の番組だけを作っていた優秀な人たちがNHKにやってきた。NHKでもいろいろ新しい番組が作られ始めた、という背景には、実はこのような事情もあったんですね。

私が「週刊こどもニュース」【注5】で「お父さん」役を務めていた頃もそうでしたが、つい最近までNHKは徹底した「純血主義」を貫いていました。あくまでNHK内部のスタッフだけで番組を作る、というスタンスだった。しかし、二〇〇四年前後から、少しずつ「このままではいけない」という風潮が生まれてきた。「優秀な人であれば、外部の制作スタッフとも手を組んで番組を作っていこう」「番組によっては外部の制作スタッフに作ってもらうというやり方も検討しよう」と考えるようになったんですね。

そこへ、ちょうど優秀なスタッフを抱えた制作会社がNHKへ流れてきたので、一気に改革が進んだということですね。NHKの人間は、「こんなに優秀な連中がいたのか」と驚いたそうです。

津田 なるほど。確かに振り返ってみれば、若者視点で見て「あれ、NHKも面白いじゃん」と思うようになったのは、ここ七、八年くらいかもしれません。NHKは好不況に左右されにくいという意味で、公共性を担う放送局としては、圧倒的に強い。震災報道についても、もちろんNHKの中ではさまざまな反省はあると思いますが、報道の質や速報性では、群を抜いていたんじゃないでしょうか。

How to interpret TV, Newspapers and the Internet

「NHKスペシャル」と「クローズアップ現代」のウラ側

Point

池上　もしかすると世間のみなさんが誤解しているかもしれないので、NHKにいた人間として正直なところを言わせていただくと、NHKであっても、「取材のために会社がお金を潤沢に出してくれる」なんてことはありません（笑）。そもそも企画が通らなければ、お金は一切使えないわけです。特に「NHKスペシャル」【注6】などは、かなりしっかりと練られた企画でないと通らないし、企画を考えるための下取材に行くなんて考えられません。

津田　「NHKスペシャル」には、報道局の人も関わっているんですか。

池上　というより、企画はどの部署に所属していても提案できるんです。

津田　では、制作の仕方としては「クローズアップ現代」【注7】にすごく近いわけですね。

池上　そうですね。実は「NHKスペシャル」のコアメンバーは、「クローズアップ現代」に深く関わっています。だから、そのチームが考えた「面白いんだけど、ちょっとこれは『NHKスペシャル』にはならないなあ……」という企画が「クローズアップ現代」として放送されることもあります。あるいは「クローズアップ現代」で放送してみたら、大きな反響があったという場合は、「NHKスペシャル」としてあらためて作り直すということもある。さらに「NHKスペシャル」の企画自体は、全国にいるスタッフの誰もが提案できるようになっている。「面白いものであればやろう」という仕組みになっているんです。

津田　メディア企業に限らず、部署の壁に悩まされているサラリーマンは多いと思うのですが、ＮＨＫではそういう悩みを持つことはないわけですね。それは本当に良い仕組みだと思います。そして今、まさに「ＮＨＫスペシャル」や特番を制作しているのは、たぶん僕と同世代くらいのディレクターでしょう。二〇一〇年に「放送記念日特集　激震　マスメディア　～テレビ・新聞の未来～」【注8】が話題になりましたけど、あの番組を作ったのも僕と同世代だった。

池上　彼は当時四十歳になったばかりだったはずです。プロデューサーになりたてのホヤホヤでした。管理職になったことで、これまでに比べてさらにいろいろなことができるようになったタイミングで作った番組だったわけですね。

津田　僕らはちょうど大学生のときに「インターネットの波」が来た世代です。ですから、ＩＴリテラシーを、身体感覚として普通に体得している最初の世代なんだと思います。そういう世代が番組制作の中心に立つようになってくると、いわゆる「マスコミ」の発信する内容も、これまでとはかなり変わってくるはずです。

3・11でマスメディアの意識がガラッと変わった

Point

津田　この流れは、ソーシャルメディアとテレビの融合にも良い影響を及ぼしています。それからやはり、**マスコミの意識を変えたのは、3・11【注9】じゃなかったかと**。「原発事故をきちんと伝え切れなかった」という反省は、報道の現場に近い人ほど強く持っています。その反省が、「変わらなければ」という姿勢につながっていった。

「NEWS WEB 24」の企画が僕のところに来たのが、二〇一一年の年末でした。そのときのプロデューサーが強い危機意識とともに言っていたのは、「NHKの報道もソーシャルメディアを取り込んで変わっていかないとダメだ」ということでした。番組の趣旨に賛同した僕は、それから企画のアイデアを出したり、「こういう人をキャスターに据えると面白くなる」といった提案をしたりしました。その後、年が明けてすぐにプロトタイプ版を放送したあと、四月から「NEWS WEB

24」は放送開始となりました。

ちょうど同じ頃、朝日新聞社もネットに関わる大きな決断をしたんです。それは、朝日新聞社所属記者のツイッター解禁【注10】でした。今でこそ「記者がツイッターをするのなんて当たり前だ」と思う人もいるかもしれませんが、当時はまだそういう意識ではなかったんです。確か公式には記者のブログも禁じられていたはずで、記者が実名で大っぴらにネットで発言することは難しかった。新聞社としては「社としての見解と、記者個人の見解がズレていたらどうするんだ、困るだろう」という建前があるわけですね。そもそも新聞記者は、いくら詳しく取材をして、渾身《こんしん》の原稿を書いたとしても、デスクとキャップなどの上司から内容のチェックをされる。社の意見と合わなければ、跡形も残らないほど書き換えられたり、紙面に載らないこともある。

ところが、二〇一一年の年末、朝日新聞社に呼ばれて行ってみると、NHKとまったく同じことを言われたんです。「これからは新聞社もソーシャルメディアを無視するわけにはいかない。むしろ積極的に取り入れていかなければいけない。具体的にどうすればいいか、教えて欲しい」と。

彼らは、「asahi.com」のウェブサイトに「○○という記者がツイッターを利用し

Point

ています」とリンクを表示して、多くの読者に記者たちのツイートを読んでもらうことを企画していました。この話を聞いて、僕は「これで日本の報道も変わるな」と思いました。NHKと朝日新聞という、いわばもっとも「おカタい」と思われていたメディアが動いた。彼らがネットを積極的に取り込んでいけば、少なくとも新しいメディアの流れができると思ったんです。

池上　昔は、「NHKと朝日新聞がニュースとして取り上げたら、その流行はもう賞味期限が切れているんだ」と言われたものですが（笑）。実は、私も一人の記者として、記者がソーシャルメディアを使う意味についてずっと考えてきたんです。結局、津田さんも雑誌や本に書いているけれど、工夫次第で「新しい情報」を集めることができるということですよね。

津田　そうですね。ソーシャルメディア上にある発言を「ネタ元」として使うということです。

池上　旧来型の記者なら、「ツイッターで集めるなんてとんでもない。記者は自分の足を使って情報を取ってくるもんだ」と考えてしまうところです。もちろん、「現場に足を運ぶ」というのは間違いなく重要なことですが、現場にいる人がツイッターやフェイスブックに何かを書き込んでいるのであれば、それは十分にネタ元になる。というより積極的に拾っていかなければならないネタだということでしょう。そのことに、3・11を通じてマスメディアもやっと気づいた、ということですね。

まあ、これまでもネット的なものがまったくなかったわけでもないんです。例えば、昔は業界紙というものがありました。総会屋が作っているような裏の業界紙からネタを拾ってくる記者もいた。毎月何万円か払うと一枚もらえる。そんな怪しい業界紙の中から、思いがけない特ダネが取れることもあって、それを専門に取材している記者もいたものです。そういう意味では、2ちゃんねるは現代版の業界紙とも言えるかもしれません。ごく一部の人の間で流通している情報を丁寧にすくいあげて、それを料理してメジャーなものにしていく。よく考えてみれば、ジャーナリズムの基本的なあり方は、昔から変わっていませんね。

津田　二〇一二年五月に、慶應義塾大学の学生が巨額の詐欺事件【注11】を起こして逃亡した事件がありました。あの事件は、NHKの三〇代の記者がスクープを抜いたんですが、2ちゃんねるのスレッドにコメントしていた人とコンタクトをとるなど、ネットでの取材を粘り強く重ねていってスクープを取った。今は2ちゃんねるやツイッターも、使い方次第で十分ネタ元になりうる時代です。今まで日本のマスメディアは、「いかに他社を抜くか」といったことにあまりにも意識が向かいすぎていたので、ネットで世間に公開されている情報については、あまり食指が動かないところがあったと思います。でも、これだけ多くの人がネットを利用しているわけですから、情報が埋まっていないはずがありません。この巨額詐欺事件のスクープは、若い世代を中心に普通に情報源としてネットを使う記者が出てきていることの現れだったと思います。

池上　民放だと、ネットとあまりにも深くコミットすることで本業のビジネスにマイナスの影響が出る可能性がチラついて、どうしても体重をかけきれないところがあるんでしょうね。ライブドア事件【注12】の後遺症もあるのかもしれません。ただ、その点、NHKはこういっては語弊があるのかもしれませんが、「何をやっても構わない」と本気で考えているところがある。だから、いろいろな実験ができるという点では、確かに「強い」だろうとは思います。

津田　また、ＮＨＫはいつでも好きな番組をネットで視聴できる「ＮＨＫオンデマンド」【注13】をかなり早い段階から整備してきましたね。権利処理も二年もの時間をかけてしっかりやっています。これは民放には絶対に真似できません。多くの視聴者がテレビではなくて、パソコンやタブレットでテレビ番組を見ることを求めている今、ＮＨＫのコンテンツを若い人にも視聴してもらうという意味では、この環境が整備されているのは今後を考える上で非常に大きい。

視聴者が自由にコメントを書き込めることが「売り」のニコニコ動画【注14】にも、ニコニコ生放送という生放送のコンテンツがあります。もちろん録画型の動画と同様に、コメントを書き込みながら盛り上がることができるのですが、たまたまその時間には動画を見ることができなかったり、もう一度見たいと思ったりすることがあるわけです。そういう場合には、タイムシフト視聴【注15】という方法があるんですね。

ＮＨＫオンデマンドも、この「タイムシフト視聴」の役割を強めていけばいい。放送中に、ネットでの意見を募るといった方法も確かに効果的ですが、実はネットの特性を最大限に活かすのは、このタイムシフト視聴の導入なんじゃないかと。例えば、ある番組を見た人が「今日、ＮＨＫで放送された番組がすごく面白かった」

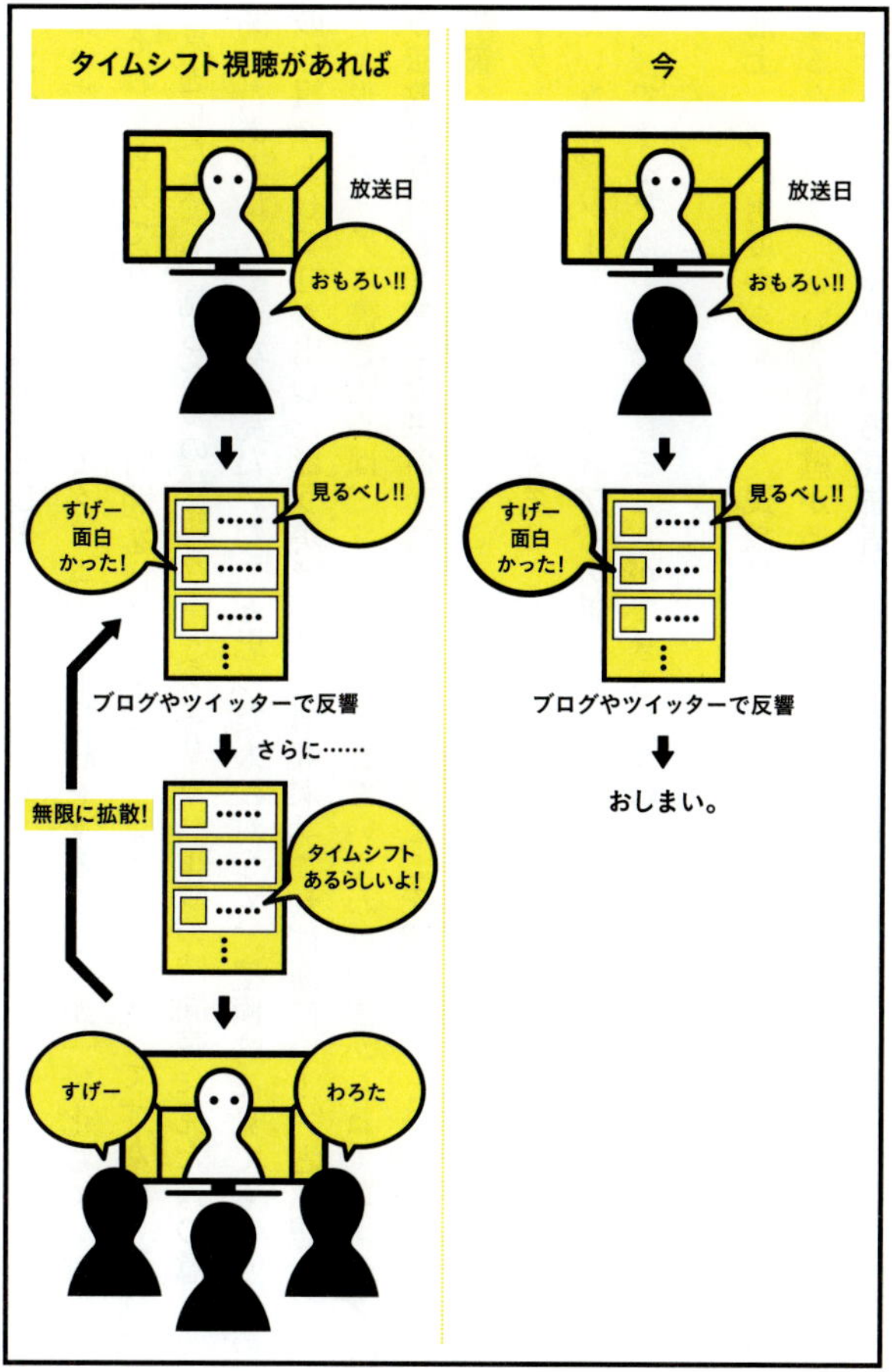
タイムシフト視聴があれば
放送日
おもろい!!
すげー
面白
かった!
見るべし!!
ブログやツイッターで反響
さらに……
無限に拡散!
タイムシフト
あるらしいよ!
すげー
わろた
今
放送日
おもろい!!
すげー
面白
かった!
見るべし!!
ブログやツイッターで反響
おしまい。

とツイッターに書き込んだとします。今は「ああ、そうだったんだ」で終わってしまいますが、もし「ネットでタイムシフト視聴をすること」が一般化していれば、「それなら見てみよう」と時間を作る人も出てくるはずです。ですから、単純に「見逃した人」が見るための仕組みというよりも、正規の時間帯に見た人の意見を聞いたあとに「それなら見たいな」と思った人に対して、積極的に見てもらうための仕組みとして打ち出したほうがいい。その人が「これは面白い！」と感想をソーシャルメディアに書き込めば、さらに拡散されていくわけですからね。**コンテンツの拡散がもっとも効率の良いかたちで行われることこそ、ネットとテレビの融合の本質**だと僕は思っています。ところが、現在のNHKオンデマンドでは、多くのコンテンツが一定期間経つと見ることができなくなってしまうんですね。あれはもったいない。ソーシャルメディアでの拡散はいつどこから火が点くかわかりませんから、できるだけいつでも見ることができるようにしておくべきです。

池上　別の角度から見ると、民放は「広告費がどんどん減っていくと、この先どうなるんだろう」という危機感があると思いますが、NHKは「若い人が全然見てくれない。今見てくれている高齢者がいなくなったら、この先どうなるんだろう」という危機感があるんです。これは朝日新聞も同じ危機感を持っているはずです。若い人は、本当に新聞を読みませんからね。NHKも朝日新聞も、とにかく若い人に注目をしてもらえる番組作り、記事作りを考えようとした結果、インターネットとの距離を縮める選択をしたという面はあると思います。

津田　それは感じますね。例えば、NHKの場合、僕はEテレに呼ばれることが多いんです。僕が出演すれば、若い視聴者をツイッターで呼び込めますから。そうしてとにかく一度見てもらって、「Eテレって普段は見ないけど、結構いい番組やってるじゃん」と思う若者を一人でも増やしたい気持ちがあるのかもしれません。

なぜテレビでは「公明党の支持母体は創価学会」と報道されないのか

How to interpret TV, Newspapers and the Internet

津田　NHKは非常にいいスタンスで今、チャレンジを行っていると思います。しかし、これらのＮＨＫの仕事以上に強烈な記憶に残っているのは、二〇一二年末に、池上さんが司会をしたテレビ東京の選挙特番（「池上彰の総選挙ライブ」）【注16】です。ＮＨＫはもちろんのこと、各局がそれぞれ工夫をして選挙特番を組んだわけですが、視聴者からの評価は「池上さんのひとり勝ち！」というもので、実際に視聴率でも当確情報がほぼ出揃った二十三時台では民放トップでした。池上さんは、二〇一〇年の参院選の選挙特番でも、テレビ東京が民放二位を獲得する大健闘の立役者だったわけですが、どうしてテレビ東京の仕事を選んだんですか。池上さんであれば、他局からも引っ張りだこだと思います。テレビ東京なら面白い番組ができそうだと思って選ばれた、ということなんですか。

池上　いやいや、テレビ東京にいる仲のいいプロデューサーから、一番早く「出てください」と言われたので、引き受けたまでです。そのあと、ほかの局から打診が来ましたが「先に約束しているから」と断りました。

　今回も、他局から「どうですか」と言われましたけど、やはりテレビ東京の方が早かったということです。

津田　なるほど。では、視聴者から高評価を勝ち取ることができたポイントは、どこにあったと考えていますか。

Point

池上　私が意識したのは、「他局との差別化」、それから「視聴者が知りたいことを伝える」ことです。この二点を徹底的に突き詰めたわけですね。テレビ東京の番組は、NHKやテレビ朝日と比べて取材・制作スタッフの人数が少ないので、「当確」を打つのが遅くなってしまうんです。もう圧倒的に遅い。NHKは全国にネットワークを張り巡らせているので、とても早く情報が入ってくるし、テレビ朝日の場合は、朝日新聞が掴んだ情報をそのまま流すことができるので、これも早いわけです。ですから、まずテレビ東京で番組を作るのであれば、当確速報の迅速《じんそく》さでは他局に敵《かな》わないことを前提としなくてはいけません。

津田　民放の報道スタッフから聞いた話ですが、ちょうど一〇年ほど前から選挙速報は、NHKと民放のあいだで、精度と早さにおいて圧倒的な差がついてしまっていたそうですね。その頃に何があったのかというと、期日前投票の拡大です。当然、速報を出そうとすれば、期日前投票についても出口調査をしなければいけないのですが、民放ではそこまでスタッフを回すことができない。NHKは公共放送ですからお金はある。きちんとスタッフを使い、期日前投票でも出口調査をしっかりとやっているから、そこで大きな差が出た。

池上　そうです。しかも民放の中でももっとも予算の少ないテレビ東京ですから、特番を引き受けたときも、当確速報の競争は初めから放棄していました。その上で、視聴者に見てもらうにはどうしたらいいかを考えたんです。

ちなみに、テレ東の選挙特番は二〇一〇年の参議院選挙から始めたんです。それまでテレビ東京は独自路線で、選挙当日であっても、早い時間帯は別の番組を流していたんです。だいたい選挙の結果が出た二十一時か二十二時から特番を始めていた。ただ二〇一〇年の参議院選挙からは、二十時スタートになったんです。そのときからメインの司会を務めさせてもらっています。

もちろん、「誰が当選するのか」を一刻も早く知りたいがために特番を見ている人もいるでしょう。でも、誰が当選するのかよりも、「政治は今後どうなるんだろう」と見守っている人も一定数以上いるはずです。その人たちに見てもらうにはどうしたらいいか。

ひと言で言えば、視聴者目線に徹するということになります。番組を制作している人たちというのは、どうしてもプロ目線になってしまうんです。だから、「これは当たり前のことだからわざわざテレビで伝える必要はないよね」ということがたくさんある。でも、視聴者は案外そこを知りたかったりするんですね。

例えば、公明党と創価学会の関係【注17】にしても、番組制作に携わっている人たちはみんな知っているから、「公明党の支持母体は創価学会です」などと、わざわざ司会者に発言させようとは思わない。でも、視聴者の中には「このことに触れないのは不自然だ。そこにタブーがあるに違いない」と思い込んでしまう人が出てきたりする……。

候補者に対する質問も同じです。視聴者はきっと候補者に聞きたいことがあるんですね。それはどんな内容なのかをしっかり考えて、実際に番組内で聞いていく。例えば、石原慎太郎さん【注18】には、「核兵器を持つべきだと考えているのではないか」と質問したいと視聴者は考えているんじゃないか。じゃあ、実際に聞いてみようと。

「王様は裸だ！」と言い放つことが大事

津田　なるほど。そうした問題意識があるから、あの切れ味鋭い質問が生まれてくるわけですね。池上さんご自身は今までさまざまなことを取材されてきたし、勉強もされている。だから、実は誰かに質問をしたとしても、ほとんどの場合、その答えを知識としては既に知っているわけですよね。それでいて、あくまで視聴者目線になって質問を考えるのは、なかなか難しいことではないのでしょうか。

池上　その「視聴者目線になる」技術が身に付いたのは、やはり「週刊こどもニュース」を担当した経験が大きいと思います。私が「週刊こどもニュース」を担当して学んだことは、「いろいろと知識のない子どもたちに向けて、分かりやすく解説する方法」だけではないんです。

この「週刊こどもニュース」は、子ども番組専門の制作スタッフたちと一緒に作っていたのですが、そのスタッフたちがいかにニュースを知らないかということに気づいて、愕然《がくぜん》としたんですよ。新聞はまったくと言っていいほど読んでいないし、テレビは民放のニュース番組をときどき見るくらいで、NHKのニュース番組は見ていない。NHKの職員でさえ、このような状態なのか。これが世間の当たり前なのかと。このときに、世の中の多くの人は基本的な情報を知らないんだということを、身にしみて知ったんです。それ以来、テレビにしても新聞にしても、「ああ、この報道の仕方では世間一般の人にはまったく伝わっていないな。これでは分からないな」と気がつくようになったのです。

津田　なるほど。「週刊こどもニュース」は子ども向けの番組ということになっていましたが、実は、大人たちが楽しんで観ていた番組でしたよね。そういう意味では、あの選挙特番も、形を変えた「こどもニュース」だったと言えるのかもしれませんね。

池上　そうですね。あと、子どもの視点には、「遠慮がない」んです。だから、「王様は裸だ！」と言える。その視点を持つことも非常に大事だと思います。

津田　「王様は裸だ！」と言い切ると、それを指摘された人はだいたい怒り出しますよね。前の選挙特番では、石原慎太郎さんが池上さんからの質問に対して怒っていましたが、池上さんはインタビューの最中に相手が怒り出しても、焦ったりはしないんですか。

池上　まったく焦りませんね。あの選挙特番のときは、石原さんがいきなり怒り出したので、「あれ、どうして怒るんだろう」と不思議に思っていました（笑）。

津田　選挙特番が終わったあとに、池上さんが『ニューズウィーク日本版』【注19】のウェブのコラムに書かれていましたけれども、「政治家は怒ったら負け」ですよね。

池上　どうやらテレビ画面にいろんな局の画像が流れていて、石原さんは、質問しているのが私だと本当に分かっていなかったようですね。

津田　インタビュアーとしてすごいなと思ったのは、2回目のインタビューのときに、石原さんが「先ほどはあなただとは気づかずに、失礼な態度を取ってしまって……」と柔らかい態度を見せたのに、池上さんは「石原さんは、相手によって態度を変えるようです」という厳しいコメントで返しました。

池上　でもあそこで「いやいや、どうも」と返したらただの馴《な》れ合いでしょう。視聴者は「何だよ」と思いますよ。それは、やはりしてはいけないことです。友人同士の会話ではなくて、選挙特番の司会者が政治家に質問するということは、あくまで視聴者の代表として質問しているわけですから、たとえインタビューしているのが私だと知らなくても、あのような態度をとってはいけませんよ。それを正直に伝えたまでです。

津田　政治家は、国民から投げかけられた質問に対して、きちんと答えなければいけないと。

池上　もちろんです。

原発事故のあと、隠蔽《いんぺい》工作はあったのか

津田　これは僕の勝手な想像なんですけど、池上さんは一見温和そうに見えますが、性格的には、結構激しいですよね。「こんな感じでいけば、うまくまとまるよね」といった同調圧力に対して、「なにくそ！」と思う気質があるんじゃないかと。古い言葉で言えば、反骨精神が根底にある。その上で今のようなわかりやすい情報発信のスタイルを身につけていったように思うんですが、いかがですか。

池上　やっぱりそういう気持ちは持っていますね。私も自分なりに学んでいったんだろうと思うんですよ。「なにくそ！」の反骨精神だけをバカ正直に振りかざしても潰されるだけです。もちろん、ひたすら空気を読んでいるだけでは、世の中はまったく変わらない。だから、空気は当然読みながら、少しずつ「ちょっとその考え方はおかしいんじゃないの？」と異議申し立てをしていく。何か言いたいことがあ

るのであれば、極めて戦術的に、あるいは戦略的に、それを伝える方法を考えていかないとダメだという思いはあります。

津田　そういう考え方を持つようになったのはいつぐらいからですか。

池上　ジャーナリズムを志した頃からです。学生時代から日本のジャーナリズムのあり方はおかしい、という思いがありました。どの新聞を読んでも同じことが書いてある。テレビを見ても、なんとなく大本営発表のようなイメージがある。これはなにかおかしい。「誰かが、ああしろ、こうしろと命令しているんじゃないの」と疑ったりもしていました。「このような状態は、なんとか変えなきゃいけない」という思いもあって。

津田　そんな池上さんが、国民からお金を集めて放送する公共放送のＮＨＫに入社したのはなぜですか。言ってしまえば一番「大本営」に近い放送局ですよね。

池上　私が就職活動をしているときは、そもそも民放はコネがないと受けさせてくれなかったのです。実は私にも、「受けたいな」「入りたいな」と思うテレビ局はありました。それで、採用試験をすると聞いたので、「とにかく試験を受けさせてくれ」と頼みに行ったことがあります。どこの放送局とは言いませんけれども、赤坂に行ったんですよ。でも、「社員の推薦のない方は入社試験を受けることはできません」と断られてしまいました。ところがＮＨＫは当時から誰でも入社試験を受けることができた。そういう意味でもＮＨＫは非常にオープンでした。それから、実際に入社したあとも、本当に自由で、何を言おうがそれで圧力をかけられるようなことはまったくありませんでした。

ただ一つ、「裏付けが取れないものは絶対に世に出すな」とはきつく言われましたね。「裏付けが取れたものだけを記事にする。その情報が本当かどうかを二重三重にチェックをして確実なものだけを原稿にしなさい」と徹底的に叩《たた》き込まれました。そのために、視聴者からすると、「あれ、どうしてこんな中途半端な報道で止めてしまうんだろう。民放では報道しているのに。これは誰かから『流すな』と圧力がかかったのかな」と疑いをかけたくなるのはわかります。でも実際は、ただファクトチェック（事実確認）を厳しく行っているだけなんですけどね。

津田　民放では報道されているのに、ＮＨＫが情報を出さない場合というのは、ほとんどファクトチェックでひっかかっているのだろうと思います。ＮＨＫは特に細かく調べますからね。

ただ、例えば、原発事故に関する報道が遅れた件では、ちょっと違った要因もあったように思います。まずメディア側も初めての経験で、何が起きているのか、どうすればいいのかわからない。とりあえず裏が取れている情報というのは、政府からの公式発表しかない。その公式発表も、はたして内容が正しいものなのかどうかを判断する知見がテレビ局側にない――しかし、テレビは「自分たちはすべて分かっている」という体《てい》で報道しなくてはならないから、「政府はこのように言っている」としか言えなかった。今から振り返れば、「自分たちも分からない。このようなことも考えられる。あるいはこうしたことも考えられる……」という報道の仕方もあったのではないかと思うのですが、池上さんはどうお考えですか。

池上　原発事故について、とにかく分かったことだけを報道するということになると、できることは限られます。官房長官が発表した内容が事実かどうかはともかく、「官房長官がこういう発表をしました」ということは事実ですから、それを伝えますよね。「東京電力がこう言いました」「原子力安全・保安院が言いました」ということも事実ですから、それを伝える。でも、視聴者が知りたいことはそれだけではなかったわけです。「その先」を知りたかった。でも報道関係者のほとんどすべての人が専門知識を持っていなかった。だから、何もできませんでした。

別に圧力がかかったわけでも何でもなくて、伝えるべきことが分からなかった。

その点、NHKの場合は、専門家がいました。実は原子力発電所の事故が起きたときのための要員をずっと養成し続けてきた。私が現役の頃にも、私の先輩にも、あるいは後輩にも、原子力発電所の問題にひたすら取り組んできた記者がいたわけです。

津田　その一人が水野倫之《のりゆき》解説委員【注20】ですよね。

池上　そうですね。ほとんどの記者たちは幸いなことに事故が起きなかったものですから、活躍の場がないまま卒業していきました。今回はたまたま水野解説委員がそこにぶちあたった。彼には専門知識がありましたから、いくつかの報告を聞いただけで「これはメルトダウンの可能性があります」と判断できた。だから、NHK

ではかなり早い段階からその可能性を示唆《しさ》した報道をしていました。ところが残念なことに、ほかの民放各局では、専門性のある記者は養成されていなかった。そうすると記者会見が終わってスタジオに戻ってきたときに、何を言っていいか分からなくなるわけですね。

今になって考えてみれば、「分からないことは分からない」と言えば良かった。でも当時は、うっかりしたことを言ってパニックを引き起こしてはいけないと考えて、結局何も言えなかったのだと思います。ですから、私の目から見ると、記者の専門性に非常に大きな問題があったんだと思いますね。

津田　そうでしょうね。ただ、マスメディアがそういう硬直した状況の中で、ツイッターやフェイスブックといったソーシャルメディアでは、科学者や医師といった専門家がさまざまな情報発信をはじめていた。最終的には、そこで情報発信をしていた人がテレビ局のスタジオに呼ばれて状況を解説するかたちになっていきました。でも、そうした人を取り上げることについても、当初マスメディアは足踏みしていたようにも思います。どの情報を報道すべきか分からなかったというのは仕方がないとしても、なぜテレビや新聞は、ネットに流された情報を拾い上げるのが遅くなったのでしょうか。

池上　原子力について言えば、まずほとんどのマスメディアは「全国に放送すべき発言をすることができる知識を持った人がどこにどれだけいる」という情報を持っていなかった。つまり、メディアも「原子力発電所は安全だ」となんとなく思っていたから、事故が起きたときには誰を呼べばいいのかを考えたことがなかった。当時、京都大学の小出裕章《こいでひろあき》助教【注21】のような方は有名でしたから、さすがに把握していたと思いますが、それ以外には情報を持っていなかった。ですから、ツイッターやネットを見て、「こんな人がいるのか。じゃあ呼んでみよう」と、そのあたりはわりと素直に既成メディアがネットの情報を追いかけていったと思います。ですから、他意があってネットで発言していた専門家を取り上げなかったわけではなく、本当に知らないところからイチから調べたので、それなりに時間がかかったのではないでしょうか。

津田　3・11のような想定外のことは今後も起こる可能性はありますよね。現在は専門家がネットを通して自由に発言できる時代なわけですから、マスメディアもい

ち早く情報を取り込んでキャッチアップしていかないと、報道機関としては未来はないと言えるでしょうね。

池上　そうですね。あと、ある民放のプロデューサーは、「もし、原発の事故があったらどうしようか」と思い、話を聞ける専門家をリストアップして、あらかじめ「いざというときはよろしくお願いします」と連絡をとっていたそうなんです。でも、事故が起きた途端に、そういう専門家はみんな官邸に連れて行かれて、危機管理をする地下室に入れられてしまいました。あそこは携帯がつながりませんから、まったく連絡が取れなくなって困ったと言っていました。

【注】解説

【注1】朝日新聞の珊瑚落書き事件

1989年、朝日新聞社のカメラマンが沖縄県西表島の珊瑚に自ら傷をつけ、その写真をネタ元として、「沖縄県西表島のアザミサンゴに落書きがあることを発見した」という内容の新聞記事を捏造した事件のこと。

【注2】TBSの不二家捏造報道事件

2007年1月22日に放送されたTBSテレビの情報番組「みのもんたの朝ズバッ!」において、不二家の期限切れ原材料の使用問題に関連し、情報を捏造して不二家を批判する報道を行った事件のこと。

【注3】「NEWS WEB 24」
(2012年4月~2013年3月/NHK総合)

平日の24時~24時30分に放送されていたニュース番組。日替わりで「ネットナビゲーター」が出演し、ツイッターと連動してニュースを伝えるのが特徴。放送中に「#nhk24」のハッシュタグ(同じテーマに関するツイートを一覧表示するための記号)をつけてツイートすると、視聴者の意見として画面下に流される仕組み。2013年4月から2016年4月までは「NEWS WEB」とリニューアルして放送された。

【注4】リーマン・ショック

2008年9月15日、アメリカ合衆国の大手投資銀行リーマン・ブラザーズが破綻したことが引き金となった世界的金融危機のこと。負債総額は約6000億ドルを超え、史上最大規模の倒産劇となった。

【注5】「週刊こどもニュース」
(1994年4月10日~2010年12月19日/NHK総合)

司会兼お父さん役を務めるNHKの記者が、1週間に起きたニュースを子ども役の子役たちに解説する形式のニュース番組。初代お父さん役は池上 彰氏(~2005年3月)。模型やフリップを使った同氏の分かりやすい解説は、幅広い年齢層から支持を受け長寿番組となった。

【注6】「NHKスペシャル」
(1989年4月~/NHK総合)

前身の「NHK特集」を引き継いで作られたドキュメンタリーに解説を加えた情報番組。取り上げるジャンルは身近な社会問題から自然ドキュメンタリー、国際情勢まで幅広い。

http://www6.nhk.or.jp/special/index.html

【注7】「クローズアップ現代」（1993年4月〜／NHK総合）

ドキュメンタリーに解説を加えた情報番組。テーマは多岐に渡るが、比較的時事的なものが取り上げられることが多い。2016年4月より、「クローズアップ現代＋」としてリニューアルした。

http://www.nhk.or.jp/gendai/

【注8】「放送記念日特集　激震 マスメディア　〜テレビ・新聞の未来〜」（2010年3月22日／NHK総合）

http://www.nhk.or.jp/special/housoukinen/

【注9】3・11

2011年3月11日に起きた東日本大震災のこと。

【注10】朝日新聞社所属記者のツイッター解禁

2012年1月23日に記者15人が個人の実名アカウントでツイッターの利用を開始。それまでは部署ごとのアカウントでツイートしていた。

【注11】慶應義塾大学生の巨額詐欺事件

投資会社を経営していた慶應義塾大学の現役学生が、2012年5月に投資資金を集めたまま海外に逃亡したと見られる事件。

【注12】ライブドア事件

ここでは、2005年2月に株式会社ライブドア代表の堀江貴文氏がニッポン放送の株式の敵対的買収を行ったことを指す。粉飾決算などをめぐる証券取引法違反などの容疑で同氏が逮捕された事件を含めて「ライブドア事件」と呼ばれることが多い。

【注13】NHKオンデマンド

NHKが過去に放送した番組をブロードバンド回線を通じて有料で配信する動画サービス。2008年より開始。国内限定。

https://www.nhk-ondemand.jp

【注14】ニコニコ動画

ドワンゴが設立した日本を代表する動画共有サービス。配信される動画の再生中に、ユーザーが画面上にコメントを投稿できるシステムが特徴。

【注15】タイムシフト視聴

【注】解説

ニコニコ生放送の番組を放送終了後に視聴できるタイムシフト機能を使って視聴すること。

【注16】「池上彰の総選挙ライブ」(2012年12月16日／テレビ東京系列)
衆議院議員選挙投票日に放送された実況番組。宗教団体との関係や世襲など選挙の仕組みそのものに切り込んだ解説、候補者への鋭い質問などが視聴者の反響を呼んだ。
http://www.tv-tokyo.co.jp/official/ikegami_senkyo12/

【注17】公明党と創価学会の関係
番組内で「公明党から出馬する候補はみんな創価学会員なのですか」という高校生の質問に対して、池上氏は「公明党は創価学会以外からも支持を受けたいという思いがあって、学会員以外の候補を立てることもあります」と答えている。このようにテレビ番組で宗教団体と政党の関係をストレートに取り上げられることは、極めて少ない。

【注18】石原慎太郎(1932年〜)
兵庫県生まれ。元衆議院議員。衆議院議員選挙に出馬するため、2012年10月に東京都知事を辞任し、翌月太陽の党を結成。その直後、日本維新の会に合流し共同代表となる。突然の知事辞任に対して田中真紀子文科相(当時)が「暴走老人で大変だ」と揶揄したことから「暴走老人」の異名を持つ。2013年1月にツイッターでの発信を開始。

【注19】『ニューズウィーク日本版』
1933年創刊以来、『TIME』についで全米発行部数2位を誇るアメリカのニュース雑誌の日本現地版。1986年1月23日に創刊された(発刊・TBSブリタニカ)。現在はCCCメディアハウスより発行中。

【注20】水野倫之(1964年〜)
NHKの解説委員。1987年に記者としてNHKに入局。福島第一原子力発電所事故に関連した報道番組に解説者として多く出演した。

【注21】小出裕章(1949年〜)
工学者(原子力工学)。元京都大学原子炉実験所助教。福島第一原子力発電所事故による住民への影響について問題提起を行っていた。

第二章

新聞をネット社会で活かす方法

読んでも頭に入ってこない…

津田　J-WAVEのニュース番組「JAM THE WORLD」のナビゲーターを担当するようになってから、以前に比べて新聞をきちんと読むようになったんです(笑)。その日のニュースについてひと通りコメントをしなくてはならないので、新聞をざっと読んで、それをさらにネットで調べて……ということをするようになった。朝方に隅から隅まで読む余裕はないのですが、とにかく仕事の合間に新聞に目を通すようになったんですね。

実はそうやって新聞を読むと、書いてあることがすごく難しくて、頭に入ってこないんです。「えっ、世の中の人はこんなものを読みこなせるほどのインテリジェンスがあるのか」「こんな難しいもの、みんなよく読んでいられるな」と。しかし、思い返してみると、僕も中学生や高校生のときは新聞を普通に読めていたんです。だから、最初は自分の知能が退化したのかと疑いました。でもやっぱりそんなはず

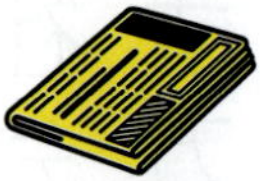

はないと信じたい（笑）。どうしてこんなに新聞が読めなくなってしまったのか、すごく不思議に思っていたんです。

先日、その理由に気づいたんです。結局、今の新聞は「前提」が省略されていることが多く、それが「一見《いちげん》さん」にわかりにくくしている原因なんだと。「昨日の夕刊の内容は読者はもう知っている」ことを前提にして、朝刊の記事を作っているんですね。夕刊であれば朝刊に書いたことが前提になっている。だから、その文脈から外れている人が、ある日の新聞をパッと取り出して読むと、記事の全体像や用語の意味が分からない。だから、どうしても難しいことが書かれている印象になる。

しかも新聞は読者の高齢化対策として、文字のサイズを大きくしました。文字を大きくすると、当然、紙面に掲載できる文字量は減ることになります。文字量が減った状態で新たに取材してきたことをすべて盛り込もうとすると、「前提」が記事に入らなくなっていく。

新聞は、毎日読むことを前提とした定期購読の読者が大半を占めます。だから前提を書かなくても「昨日の記事に書いたので」と省略できる。これが今の新聞社の言い分です。実際、初見の人にも分かるように親切に前提の説明を盛り込みながら記事を作ると、「前提は昨日の紙面で読んだから、載せる必要はないだろう」とク

レームが来たりもするそうなんです。文字サイズが大きくなったことでどんどん文字数が少なくなっていったことと、そういったクレームによって、今のように前提を省略して記事を作るようになっていった。要するに、新聞は基本的に毎日連続で読むようにできている、巨大な連載コンテンツなんです。

ただ、それはネット時代にはあきらかに合わない。若者の読者はツイッターやフェイスブック経由で記事に飛び、必要なときだけアクセスして読むスタイル。これからはそういう読者が増えていくわけですから。新聞は、そういう読者が何か一つの記事を読んだときに、その記事だけでニュースの全容を理解できるような書き方をしないと、ダメなんじゃないかと思うんです。

池上　実は、活字を大きくするずっと以前から、新聞が記事の前提を省略する流れはありました。新聞社の幹部から「どうすれば分かりやすい記事を作ることができるんでしょうか」とよく聞かれるのですが、私は必ず「途中経過だけを書いているからダメなんだ」と伝えるようにしています。朝刊にあるニュースを書いたとして、その続きを夕刊に書き、さらにその続きを次の日の朝刊に書く……という方針を変えるべきだと思うんです。

ただ、この問題は根深いですよ。単なる編集方針の変更では変わらないと思います。日本の新聞が宅配制度に支えられていた期間、ずっと「前提」をうまく省くことに工夫を重ねてきたわけですからね。新人の現場記者が「そもそも……」と事件の前提を書くでしょう。そうすると、デスクから「この話は昨日の紙面に載っている、今日取材した話だけを書けばいいんだ」と怒られるんですよ。そうやって、「読者が毎日読んでいるという前提で書く」ということを叩き込まれてきたわけですから。

津田　新聞は各社電子版の配信に力を入れてきていますけれども、そうした根本的な意識改革ができていないので、思うように読者がついてきていないんでしょうね。紙の新聞については、今のままでもいいのかもしれないですが、本気でネット上で記事を読んでもらおうとするのであれば、大きな見直しが必要です。少なくとも、同じ記事をネットにコピペするだけではなくて、ネットでは「前提」が補完された記事が読めるように変えていくくらいのことはしないと、時代や読者のニーズから、どんどんずれていってしまうんじゃないでしょうか。

池上　例えば、アメリカの新聞は『ニューヨーク・タイムズ』【注1】にしても『ワシントン・ポスト』【注2】にしても、記事の一つ一つがものすごく長いんです。どうしてそうなっているかと言うと、アメリカの新聞は基本的に駅の売店などで買うものだからです。もちろん宅配システムもあるけれども、多くの読者は、買ったり買わなかったりするものなんです。だから、「そのときに初めて読む人がいる」ということを前提にしている。具体的には、一面にはいくつもの記事が非常に短くまとめられたかたちで掲載されていて、「続きは13面に飛びます」「詳しくはA8面でどうぞ」というように指示が書いてあって、そちらのページで詳しい記事が読めるようになっている。

　要するに「昨日の記事の続きはどうなったのか」を知りたい人は一面を読むだけでいい。でも「この話はそもそもどういう話なのか」を知りたい人にも後ろのほうのページできちんと説明している。日本の新聞も、これからは同じような工夫をしていかないといけないでしょうね。

Point

津田　そうなんです。さきほど、ＮＨＫは「高齢者しか見ていない」という危機意識がある、という話がありましたけれども、新聞にしても週刊誌にしても、読者が完全に高齢者ばかりになってしまっています。その原因は、情報の内容そのものの問題もありますが、「情報の出し方」に大きな問題があるんじゃないかと。そこは強い危機意識を持って変えていかないと、若い世代は本当に新聞を読まなくなる。

池上 そうですよね。それこそ、新聞も電子版であれば、文字数を気にせずにいくらでも書ける。だから、紙版は短くまとめたとしても、電子版では「そもそも……」という前提を入れればいい。

津田 あるいは、最初からすべて噛み砕いて解説する、というのでもいいと思います。要らない情報だと思えば、読者は勝手に読み飛ばしてくれますから。だから、「注釈を山のように入れる」というのも効果的だと思いますね。僕が、自分のメルマガ（津田大介の「メディアの現場」）【注3】でネットの特性を活かそうと思ってやっている工夫が、まさにこの「注釈を入れること」なんです。日本で注釈の一番たくさん入ったメルマガにしているつもりです。とにかく、一つの記事につき、最低でも一〇個くらいは注釈を入れていく。池上さんが選挙特番で気をつけていたという「視聴者目線」と同じように、僕なりに「自分が読者だったらこれはどういうことだ？　と思うだろう」という事件や用語に関しては、全部リンクで注釈を入れていく。メルマガの場合は普通、スマートフォンやパソコンで読んでいるので、すぐにリンク先の記事に飛べますしね。

もちろんもともとよく知っている人や時間のない人は、本文部分だけを読んでくれればいい。でも、そうやってリンクを入れておくことで、初めてそのニュースに触れる人も、注釈を一つ一つじっくり読んでいけば、記事内容がすべて完璧に理解できる、という仕組みにしています。より詳しい情報を知りたい人や時間のある人は、メルマガ記事を起点にしてかなり多岐に渡る情報を仕入れることができる。ネットの特性を活かすのであれば、この「注釈リンク」を活用していったほうがいい。

同じようなことを電子版の新聞でやるとすれば、注釈を入れる専門家を付けて、記者が書いてきた記事に校閲や整理部がどんどんリンクを付けていくイメージです。新聞社には自社の記事だけでも膨大な過去記事のデータベースがあるのだから、それらを有機的にリンクさせない手はありません。

今でも、記事の最後に関連記事のリンクをたくさん付けているレイアウトのものを見るんですけど、読んでいる途中に知らない単語や用語があれば、すぐにリンク先に飛べるようにしないと意味がないと思います。

Point

新聞が生き返るためには、そういう「デジタルならではの情報の見せ方」を活かした仕組みが必要なんです。僕のメルマガの注釈付け作業は自分で全部やる場合、一記事あたり六、七時間かかります。本当に「使える記事」をリンクさせようとすると、内容を精査しなくてはいけないし、負担は大きいです。でも、僕の会社みたいな零細企業でもできているわけですから、この「リンク付け」はスタッフの数に余裕があるマスメディアにこそ取り組んで欲しい工夫だと思います。

池上　個人メディアには個人メディアの良さもあるけど、組織メディアには組織メディアの良さもあるのだから、そこはしっかりと活かしていくべきですよね。

津田　また、新聞はいまだに、いわゆる「新聞のレイアウト」にこだわり過ぎています。パソコン上やタブレット上でも、紙と同じレイアウトで見せようとしている。あれは使いづらいです。「新聞のレイアウト」はノウハウの集積からできたものだと思いますが、それはあくまで紙で作った場合の話です。そういう点でもパラダイム転換が必要だと思っています。

マスコミが「政局」報道ばかりする理由

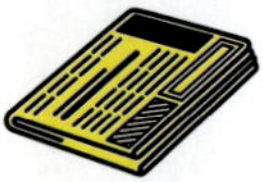

How to interpret TV, Newspapers and the Internet

津田　「見せ方」についても工夫の余地がまだまだあると話しましたが、もちろん「内容」についても改革の余地はあります。僕がずっと考えているのは、「政策報道」と「政局報道」の割合を入れ替えることです。これは『ウェブで政治を動かす！』【注4】にも書きましたが、今の視聴者・読者の中には、「政策報道」を求めている人が一定数いると思うんです。テレビの報道部の人も新聞記者も、「政治部にいるからには、本当はそれぞれの政策の内容こそじっくりと報道したいんだ」と言います。でも同時に、「政策報道だとどうしても視聴率は取れないし、紙面でも反響がない。だから結局、政局報道をせざるをえないんだ」と自嘲気味に言うわけです。

　僕からすれば「そんなことはない。本当に読者が分かるかたちで政策報道ができれば、必ず視聴率も読者もついてくる」と思うわけですが、それを証明したのが、池上さんの選挙特番なんじゃないかと。もっと言えば、池上さんの番組が高い視聴率を取るのも、池上さんの書いた本が売れるのも、「政策をしっかりと解説して欲しい」というニーズがそこにあるからですよね。つまり、政策解説のニーズは昔からあった。でも「読者を置いてきぼりにしたつまらない方法論」で作っていたから、視聴率もとれなかったし、反響もなかっただけなんですよ。

池上　**最大の問題は、政局報道のほうが楽だということ**ですよ。「あの政治家とこの政治家が最近仲がいいよ」とか、「あの政治家がどの政治家と組んで新党を作ろうとしているのか」といったことは、政治家と親しくなれば、それなりに取材できるんですよ。でも、例えば「ＴＰＰをどのように評価するか」といった取材はものすごく難しい。メリットを受ける人、デメリットを受ける人は当然として、様々な立ち位置の関係者に取材しなくてはいけませんし、専門家の話も聞かなくてはいけない。とにかく勉強しなくてはならない量が多い。それらを自分なりに消化して、「ＴＰＰって何？」と聞いてくる読者が理解できるように解説をするのは、とても大変です。「消費税の増税にどんな意味があるのか」といった取材も同じですね。メリットとデメリットを整理して、偏らない視点で解説するのはとても難しい。記

者もついサボって、「政局」取材ばかりになってしまうということがある。

もちろん記者に言わせると、「サボっている」わけではなくて、そもそも勉強する余裕がないということでしょうね。特に政治部の記者は、有力政治家が家から出かける前に話を聞こうとして、朝七時くらいから家の前で待っているんです。夜は夜で帰宅時を狙って家の前で待つ。いわゆる「夜討ち朝駆け」ですね。年寄りの政治家だと早く寝るので、だいたい夜の十時くらいには帰宅するのですが、記者はそのあと、社に帰って報告したり、メモ書きを残したりしてから帰ることになる。自宅に着くのは、明け方です。そして、また朝駆けに出かけなくてはいけない。もう毎日ほとんど寝ないで仕事をしているわけです。津田さんと一緒ですよ（笑）。

津田　ははは（笑）。そういう生活をしている政治部の記者は、確かに政策報道には絶対に必要な経済の勉強などするヒマはなかなか作れないですよね。でもそこは「政局専門記者」と「政策専門記者」を分けるなど、工夫すれば変えていけると思います。

あと、いつも不思議に思うのは、政治部の記者がかなりの時間を割いているのが取材している記者同士の「メモの付け合わせ」なんですよね。「この政治家はこんなことを言っている」「あの政治家はこう言った」、だから政局はこんなふうに動くに違いない……といったように、みんなでパズルを解いて、それが当たった人が内部的に評価されるという仕事になっている。まあ、パズルを解く作業は楽しいでしょうし、パズルが解けて予想が当たったときにはカタルシスもあるんでしょうが、そればかりが重視されるのは不毛だな、と。

池上　その気持ちはよく分かります。私は政治部ではなくて、社会部出身ですから、殺人事件などの取材をするわけです。警察からの発表や目撃情報その他さまざまな情報をパズルのように組み立てて、犯人を推理していく。記者というのは、「伝える」のが仕事なんですが、その仕事を忘れるくらい「犯人探し」に夢中になってしまうんですね。政治部の記者が「政局」にハマるのも同じ感覚があるはずです。

政治家と政治部記者は癒着《ゆちゃく》している!?

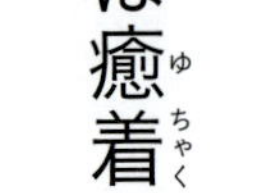

津田　池上さんは社会部出身とのことですが、社会部の記者から見て、政治部の記者というのはどういう存在なんですか。

池上　やはり一般的には社会部と仲が悪いことが多いですね。社会部の記者は「あいつら政治部の人間は政治家と癒着しやがって」という偏見を持った目で見ています（笑）。実際、昔のように自民党の中で田中派と福田派【注5】が争っていたりすると、記者たちもそれぞれの派閥の下に入ったりしていました。記者なのに、派閥の長のことを「うちのおやじが……」と言っている人もいましたからね。田中派と福田派の記者が殴りあいをしたこともあるとか……。

津田　そうすると、政治部の中でも田中派の記者はエリートで、野党担当ははぐれもの、みたいな序列があったりもするんですか。

池上　ありますね。特に、一九五五年から二〇〇九年までの自民党の長期政権時代に社会党や共産党の担当になると、記者も政治部の中での「野党暮らし」になります。自民党の担当記者になっても、例えば福田派から総理大臣が出ると、福田派担当記者が出世して、田中派担当は全国に転勤させられたりするわけです。

津田　まさに、政治の権力闘争と政治部の中での権力闘争が呼応しているわけですね。

池上　まあ、それに近いようなことはあります。ただ、全国への転勤は権力闘争に負けたから、という理由だけではありません。政治部としても、能力のある人材をどこかのタイミングで地方へ送り、後進を育てなければいけないんです。でも、総理大臣を担当しているような主流派の記者を地方に送るわけにいかない。だから、派閥が変わって担当政治家が有力なポストから外れると、そのタイミングで「しばらくメインの情報がとれなくなるから、じゃあ、ちょっと後進を育ててきて」という話になるわけです。これが会社の論理ですが、記者本人にしてみれば「うちのおやじが政権をとれなかったから、飛ばされた」というふうに思ってしまうわけです。

また、逆に政治部の記者は、社会部の記者のことをどう見ているか。「あいつらは、無責任に勝手なことばかり言いやがって」と思っていますね。要するに「お前らは取材先と継続的な人間関係を作らなくていいんだろう。楽でいいね。俺たちの苦労も知らないで、批判ばかりしやがって」と。

スポンサー企業の悪いニュースは流せない？

津田　これは、第一章でも少し触れましたが、国民はマスコミがさまざまな「タブー」を抱えていると思っていますよね。「マスコミは、政治家との権力関係や、スポンサー企業とのビジネス関係によって書けないことがたくさんある。そのタブーのおかげで国民が知るべき情報を出していないんじゃないか」と考えている国民は

How to interpret TV, Newspapers and the Internet

多いと思います。

池上　そうでしょうね。

津田　実際のところ、どうなんですか。マスメディアの現場では、「スポンサー様の悪いことは書けない」といった配慮はあるのでしょうか。

池上　社として「あれを書くな、これをやるな」と言うことは基本的にはありませんね。むしろ記者個人が特定の政治家に心酔してしまって厳しい記事が書けなくなることはあると思います。やはり、選挙で選ばれてくるような政治家は直に会うと人間的な魅力がある人が多いんです。なんだかんだで何万人もの人に自分の名前を投票用紙に書かせたわけですから、それはやはり普通じゃない魅力を持っている。それで、そういう人を一生懸命に取材していると、どうしても「この人のために何かしてあげたい」と思ってしまうようですね。かつての田中角栄付き記者は、みんな「おやじ」に心酔していたと聞きますが、それは今でもある話だと思います。でも、社として記者に圧力をかけることはありませんね。

民放とスポンサーの関係も、視聴者が思っているよりもずっとゆるやかなものです。基本的にバラエティ番組と報道番組に携わる部署は独立しているので、報道系の部署にいる人は、スポンサーのことなど一切考えません。もちろん、バラエティ系の部署では、スポンサーは重要なお客様ですから、番組の台本の最初に「この番組のスポンサーは○○という企業です」と書いてあります。その辺りはかなり気をつかいます。例えば、八時から九時までの間は、ソフトバンクがスポンサーなので、ドコモのケータイ電話が映り込むようなことは避けるといったことはしています。ただ、報道系は関係ありませんね。

津田　ここ一〇年くらいの間に、テレビ局でも新聞社でも、コンプライアンスやクレームをとても気にする風潮になりましたね。別に特定の企業や政治家から圧力をかけられたわけではないけれども、「面倒を避けたいからこの話題はやめておこう」という自粛ムードになることはあるのではないでしょうか。

池上　それはあります。そして確かに以前と比べて敏感になっているところがありますね。というのも、昔はクレームが来るのも電話が中心でした。だからとにかくその場で納得してもらえれば、あとには残らなかったんです。もっと言えば、喧嘩になって「もう観なくていい！」と怒鳴って終わりにすることだってありました。それで電話がかかってこなくなれば、もう終わりだったんですね。でも今はメールで来る場合が非常に多い。すると、プリントアウトされて社内中を回ることになる。また活字になって残ると、そのクレームに対して何らかの返答をしなくてはいけない気がしてくる。これは制作側からすると相当なプレッシャーです。そういう意味では、前よりも外部の風圧を、内部のスタッフがかなり感じているみたいですね。

メディアが恐れる「炎上」と「電凸《でんとつ》」

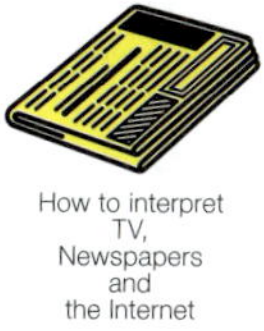

津田　僕のようにある意味で「外」から見ていても、今は以前と比べてマスコミに対しての風圧がすごく強まっていると思います。例えば、電話のクレーム一つを見ても、今はいわゆる「電凸（電話突撃の略。読者・視聴者が電話で直接クレームを

入れること)」というものがありますよね。今までなら、電話であってもメールであっても、メディア企業の「お客さま相談室」や「制作担当者」宛てにクレームが来ていました。ですから、どれほどしつこくされても、決まったかたちの受け答えで済ませることができた部分があったと思うんです。

でも、毎日新聞の「WaiWai」事件【注6】以降は、「クレームはスポンサーにつけよう」という流れになってしまったんですよね。もっともこの事件については、毎日新聞社のもともとの対応もひどかった。それで2ちゃんねるで大炎上しているうちに、おそらくメディアビジネスを分かっている関係者が「お前ら毎日新聞に抗議しても意味ないよ。メディア企業が一番堪《こた》えるのはスポンサーへの抗議だよ」と教えてしまった。しかも、あのとき毎日新聞は、社会通念上叩かれても仕方がないような記事をウェブに載せていた。それで、これまで毎日新聞に広告を出していた企業に「こんな新聞に広告を出すんですか」という抗議が殺到した。そのおかげで一時期、毎日新聞のウェブは自社広告しかなくなったことがありました。あれは、やはり強烈なインパクトをマスメディアに与えたと思います。あの事件の顛末《てんまつ》がソーシャルメディアなどを通してどんどん共有されて、今ではメディアへの抗議はみんなスポンサーに行くようになった。フジテレビの偏向報道を叩こうとして、スポンサー企業の花王に抗議が向かった事件もありました。あの事件以降、メディア企業の部長クラスが、ネットから叩かれることを異様に恐れているんです。それで、誰から圧力をかけられたわけでもないのに、「叩かれないようにする報道」が増えている。

池上　これは困った話ですよね。結局、国民の知るべき報道から遠ざかっているわけですから。

津田　第一章の話にも関連しますが、スポンサーに依存していないＮＨＫであればいいんですよ。もちろん「受信料の支払い拒否」をされるリスクはありますが、民放に比べればずっと安定しています。毎日新聞のように、「スポンサーに直接抗議が殺到して、すべてのスポンサーから広告出稿を止められる」ということはありませんから。スポンサーにしても、こうした抗議が一部の意見に過ぎないことは分かってはいても、電話が何百回とかかってきたり、数百通ものメールを送られたり、会社の前でデモ行動をされたりしたら、「怖いな」と思うでしょう。

池上　スポンサー企業の中にも、広告を出すかどうかを決める部署の人は、社内で責任を問われるわけですから、これはビビります。

津田　結局、いい部分も悪い部分も含めて、「メディアは、ネットの声を聞いていかなくてはいけない状況にある」ということだと思います。もうネットは「見ないことにする」わけにはいかない影響力を持っています。ですから、もしネット民から抗議やクレームが来たならば、相応の対応をしなくてはならない時代になったわけですね。

池上　ネットの抗議にも、聞いてみると「なるほどな」「おっしゃる通り」というものもあれば、本当に理不尽なものもある。そこを踏まえて、切り替えていかなければいけませんよね。

津田　確かに理不尽なものは多いです。実際、「NEWS WEB 24」にも、「番組にとって都合のいいツイートしか取り上げてないじゃないか」「情報操作だ」という抗議がたくさん来たんです。情報操作も何も、ハッシュタグで検索すれば、すべてのツイートを見ることができるのだから、そんなことをしても意味がない。それに、四〇〇〇～五〇〇〇件来る番組宛てのツイートを、全部出すことなどできません。だから、単純に視聴者の参考になりそうなツイートを選んでいただけです。それを「情報操作だ」と言われても困る。

だから、玉石混交状態のネットの抗議をうまく切り分けて、参考になる部分だけをすくい上げていかなくてはいけないんです。でも、まだメディアの現場では、「良質な意見」も「理不尽な意見」もどちらも「取るに足らないもの」として切り捨てている、あるいは怖がっている。これはいけませんね。

池上　視聴者や読者が「あの事件について詳しく報道しないのは、何かウラがあるからだ。タブーがあるからだ」と思うことはよくあります。そうなってしまう事情の中で昔から一番恥ずかしいと言われているのは、「特オチ」ですね。他社は取り上げているのに自分の会社はたまたま知らなくて報道できなかったことを、「特オチ」と言います。そのメディアだけ、たまたま知らなくて書けなかった。そうすると必ず「何か圧力があったんだろう」と噂されます。でも、社内では、「何でこれを書けなかったんだ。今からでも追いかけろ」、あるいは「もう今さら追いかけても仕方がないからほとぼりが冷めたら書いておけ。もう二度と落とすなよ」と担当者が怒られているだけなんですよね。

津田　例えば芸能人の不倫など、スキャンダルがらみのニュースをメディアが追いかけ続けていると、「これは、何か重要な事件から世間の目を背《そむ》けさせているための陰謀に違いない」なんていう説もよく出てきますね。

池上　それもただ単に、世間がもう関心を失っていることに気が付かずに、惰性で事件を追いかけているだけの場合がほとんどですよね。また、以前、ＮＨＫの記者が特ダネでスパイ事件をスクープしたときがあった。報道されたあと各社は「やられた！」と天地がひっくり返ったような大騒ぎになったのですが、ある民放のコメンテーターが「これは当局がＮＨＫにリークしたに違いない」と言っていたんです。「ばかやろう」と思いましたね。記者が、どれだけ苦労したと思っているんだ、と。

津田　新聞の隠蔽疑惑に関連して、原発反対デモの記事をどのくらい大きく報じるかでバラつきがあることが議論になりました。例えば、読売新聞は原発を推進しようとする立場を取っていますから、反対デモは数段程度しか取り上げない。一方、朝日新聞と毎日新聞は原発反対の立場を取っていますから、脱原発のデモもドーンと大きく報道する。でも、これでいいと思うんです。それぞれのメディアごとに、それぞれの主義主張があるのが当然です。その主義主張に沿って紙面作りや番組作りをすればいい。ネットの人たちの中には、「メディアは公正中立な事実のみを報道していればいい」というおかしなメディア・ジャーナリズム幻想を持っている人も多い。「中立なメディアなんて存在しない」ということに気付かないと、今のマスメディアとネットメディアが対立する状況から次へ進めない気がします。

池上　メディア企業ごとに主義主張があるべきというのはその通りだと思います。ただ、これは読売の社内の人から聞いた話ですが、記者が「社内の空気を読んでしまう」という問題があります。まさに山本七平《しちへい》が言うところの「空気」【注7】を読む雰囲気があると。例えば、読売新聞の記者は「どうせ反原発の記事を書いても大きく取り上げられないから、それほど取材に力を入れなくてもいいや」と思ってしまう可能性がある。これはまずいことだと思います。その取材によって社の方針も変わるかもしれないわけですから、やはり現場の記者たちは社内の空気など読まずに自分の目と足でしっかり取材すべきですよ。

新聞はビジネスとして この先も通用するのか

津田　ネットに押されて、新聞やテレビのメディアとしての影響力が落ちている。それは彼らをビジネスとして厳しい状況に追い込んでもいる。僕が新聞社に呼ばれて講演をするときなどは、「もうこれからはメディア事業自体で稼ぐことは考えないで、不動産収入をどんどん増やしていけばいいんじゃないですか」と言っているんです。実際ＴＢＳなどはすでにテレビ事業としては赤字に転落していますが、不動産事業の赤坂サカスはものすごく調子が良くて、それで何とかバランスを取っている。読売新聞が新社屋を建てるのも、別に新聞販売が好調で税金対策で建てたわけでも何でもないんですね。むしろ反対で、新聞販売が不調だから、今後のことを見越して、テナント料を取れるように新ビルにするということのようです。つまり

不動産事業で稼ぐための布石。それを批判する人もいるようですが、僕はそれもジャーナリズムの公共性を守るための一つの手段だと思うんです。

というのも、これは冒頭にお話しさせていただいた、ジャーナリズムにおける「商業性」と「公共性」の問題を解決させる方法でもあるからです。

公共性を突き詰めていってきちんと調査報道をやろうと思えば、それ単体ではどうしても儲からない。広告も無理に企業にお願いして入れるようなことをすれば、その企業が何か事件を起こした場合に厳しく追及できなくなってしまうかもしれないし、少なくとも読者や視聴者からそれを疑われてしまう。そこで、自社の持つ不動産をうまく使って十分な利益をあげる。そして、そのお金を使ってじっくりと取材をして良い記事を作る。もちろん、「新聞社の土地は政府からの払い下げ地が多いから公平ではない」とか、「そもそも公共の電波を使って得た金で不動産収入を得るのはどうなのか」とか、「そうしたビジネスモデルでは新規参入ができない」といったことを問題視する人もいるとは思いますが、純粋に「公共性のあるジャーナリズムをどうしたら生み出せるか」という側面から考えたら、この話はもっと議論されるべきだと思うんです。

池上　TBSもそうですが、毎日新聞社も、すでに不動産業で会社を回している状況になっていますね。名古屋の駅前にあるトヨタが入っている巨大ビルも、実は毎日新聞社が大家です。「新聞さえ発行していなければ、毎日新聞社は優良企業なのになあ」とよく言われていますね。

津田　毎日新聞社は『聖教新聞』の印刷まで請け負っていますからね。新聞を売ること以外でうまく稼いでいます。

池上　新聞社が持っている輪転機というのは、昼間は空いているんです。昼に夕刊を刷って、夜の十一時か十二時くらいに翌日の朝刊を刷るのですが、その間の時間は空いている。毎日新聞はそこを無駄にしないために、聖教新聞の印刷をしているわけです。日経新聞社の『日経MJ』【注8】や『日経産業新聞』【注9】も、実はこの「空いている時間の輪転機を有効利用しよう」という発想からできたものなんですよね。

津田　ああ、なるほど。それは合理的。さすが日経ですね。

池上　朝日新聞社も、大阪の中之島に「中之島フェスティバルタワー」という超高層ビルを建てましたが、それだけで打ち止めではなく、二〇一七年にはさらにビルをもう一棟建て、ツインタワーにするそうですね。皮肉なことですが、実際にメディア業だけでは成り立たなくなっている時代なのかもしれません。

津田　アメリカに、「プロパブリカ」【注10】という非営利のオンラインメディアがあります。ここは二〇一〇年には調査報道部門、二〇一一年には国内報道部門と二年連続でピューリッツァー賞を受賞しているんです。このプロパブリカは銀行業で財を成したサンドラー夫妻が作ったサンドラー財団からの寄付を中心に成立しています。年間三億円ほどの資金を使って調査報道の記事を作り、ネット上で公開しているんですね。記者はだいたい三〇人くらい。記者の年収は、日本ほど高くはないようです。だいたい日本円で言うと三〇〇万〜四〇〇万円で、エース記者になると七〇〇万〜八〇〇万円くらい。これくらいの資本とスタッフで、かなりいい調査報道をしています。日本にもこうした報道機関ができるといいなと思うのですが、日本には年間三億円もジャーナリズムやメディアに寄付をするような財団がないから、自前で何とか調達してくるしかない。そうだとすると、お金はほかの手段で集めてきて、ジャーナリズムは趣味でやる……というのが現実的だとも言えます。まあ、「趣味」はさすがに言い過ぎだとしても、とにかく「公共性」の高い報道をしようと思ったら、採算は考えずに取り組める方向に進むしかないと思います。

池上　そうですね。日本で言えばＮＨＫは受信料を徴収することで成り立っていますが、アメリカの公共放送ネットワークであるＰＢＳは、運営費を寄付でまかなっています。さまざまな財団から寄付を受けることで、番組が成り立っている。だから広告は入っていないのですが、番組の最後には必ず「この番組は、この財団と、この財団の寄付によって成り立ちました」と、寄付をした財団の名前が出る。もちろん財団としても、文化レベルの高い番組の制作に寄与したということがプラスに働くと判断しているから寄付をするわけです。こうした寄付のカラクリを、日本のメディアシーンにもうまく使うことができれば、また面白いことになるでしょう。けれども実際はなかなか進んでいない印象です。

津田　個人メディアとしては、メルマガやスマホアプリの普及でだいぶ状況が変わってきた気がします。ようやく個人のジャーナリストが組織の力に頼らず自ら資金を集め、その資金を使って取材をし、記事を作って、発信をしていく、ということがやりやすくなってきた。

実際に自分で始めてみて分かったことですが、おそらく、個人のジャーナリストが海外も含めて自由に取材ができて、おつりが来るくらいの収入を得ることは、それほど難しいことではありません。実際僕自身は、メルマガを制作・配信するだけでなく、新しい政治メディアを作るためにスタッフを八人も雇っていますから、そんなに余裕があるわけではないのですが、もしシンプルにメルマガを使って自分の取材したことを配信する、という形式であれば、わりと低コストで回していけるはずです。

結局、「公共性」の高いジャーナリズムを継続していくためには、組織であろうと、個人であろうと、お金にならないことを覚悟しながらとにかく活動を始める。そして、その仕事を始めることで信頼を得て、お金を払ってくれる人を集める。そのお金を使って、ジャーナリズムを続ける……というかたちを作らなくてはいけないのかなと考えています。

新聞がこの先もなくならない理由

池上　津田さんは、独自の工夫と努力でジャーナリストとして今のような力を身につけることができたかもしれないけれど、普通は、なかなか難しいですよね。例えば、私にしたところで、今はフリーランスとして働いていますが、若いころにＮＨＫで基礎・基本を叩き込まれて一人前にしてもらったんですよ。ですから、一人前の能力を持ったジャーナリストが仕事を回していけるシステムが整ったとしても、新聞でもテレビでもウェブでもそもそも「フリーでジャーナリストとして生計を立てていけるような人をどうやって育てていくか」というのは、課題として残りますよね。

津田　それは大問題ですよね。そういう意味では、僕は物書きの「師匠」と呼べるような人もいなかったので、すべて見よう見まねの独学でやるしかなかった。それ

を後悔しているわけではありませんが「遠回りしたな」と思う部分もあります。

池上　その視点から言うと、やはり新聞社やテレビ局がある程度大きな組織として存続していることには意味があると思うんです。右も左も分からない新人に対して、事実関係を確認したり、裏をとったり……ということを叩き込むのは、それなりに根気もコストもかかりますから、ある程度の余裕がないとできませんからね。こうした組織がなくなると、一定の力を持ったジャーナリストが育ちにくくなると思います。

津田　実は僕は、早稲田大学大学院のジャーナリズム大学院でウェブジャーナリズムを教えているんですが、就職相談に来た学生には、「とりあえず新聞社に行っておけば？」とアドバイスしています。「新聞社に行けば、イロハから丁寧に教えてくれるから」と。もし、どうしても独立したいのであれば、ジャーナリストに必須の基礎知識や基本技術を学んだあとに独立をすればいい。でも、そもそもの新聞社がなくなってしまえば、基礎を学ぶ選択肢が一つ減るわけですから、これはフリーランスのジャーナリストを目指す若者にとっても痛いことだと思いますね。でも、どうでしょう。池上さんはこの先、新聞社はなくなると思いますか。

池上 私は、新聞社はなくならないと思います。ただ、部数は減るでしょうね。というより、日本の新聞はこれまでの販売部数が異常なんです。日本の新聞は世界の新聞から見ると、異常なくらいに発行部数が多い。

津田 日本の新聞発行部数【注11】ランキング一位、二位、三位は、そのまま世界の新聞発行ランキング一位、二位、三位なんですよね。

池上 そうですね。

津田 アメリカで発行部数が多い新聞というと『ワシントン・ポスト』とか『ウォールストリート・ジャーナル』ですけれど、あれ、発行部数で言えば二〇〇万部くらいですからね。『ニューヨーク・タイムズ』は、電子版が紙版を上回って一〇〇万部。紙版にいたってはたったの七〇万部しか出ていません。日本で言えば、地方紙のレベルですね。

池上　東西冷戦時代から、世界で一番発行部数が多い新聞は、ソ連の『プラウダ』【注12】か、日本の『読売新聞』だと言われていましたからね。

津田　つまり、日本は社会主義国を含めた世界中の先進国の中でも、テレビや新聞などのマスメディアの力が異様に強いということですよね。これほどたくさんの「民放地上波テレビ局」が成立している国は日本くらいです。新聞にしてもテレビにしても、どうしてこれほど日本はマスメディアが強いのでしょうか。

池上　日本の新聞がこれほどの大部数を誇れる理由のひとつは、日本人の識字率が非常に高いからです。先進国でも、日本ほど誰もが「読み書き」できる国はありません。外国から日本に来た人は、ホームレスが新聞を読んでいるのを見て、驚くそうですよ。

津田　なるほど。日本人はほとんどの人が「読み書き」はできますからね。

池上　そう。たとえ読んでいるのがスポーツ紙や夕刊紙だったとしても、外国人からすると「えっ？」と思うわけです。「ホームレスなのに新聞が読めるなんてありえない」と。

メディアにとって「定期購読」は最強の仕組み

津田　テレビに関して言えば、松下やソニーなどの製造業が高度経済成長を牽引したときに、白黒テレビ、洗濯機、冷蔵庫が「三種の神器」【注13】なんて謳《うた》われましたよね。あの時代に日本の家庭にテレビが一気に行き渡ったということも大きいですよね。当然のことですが、国民の大多数が見ている／読んでいるという状況こそがマスメディアの力を増幅させるわけですからね。

池上　その意味で言えば、新聞の宅配制度は日本のマスメディアを語る上で、無視

できない仕組みだと思いますね。国中に朝晩新聞を届けてくれるような配達網を持つメディアがあるのは、世界中探しても日本だけだと思います。

津田　おっしゃる通り、販売店制度が日本のメディアに与えた影響は功罪ともに大きいですね。ある全国紙が数年前に定期購読者の属性調査をしたそうなんです。「なぜあなたは○○新聞を選んでいるのですか」「情報がネットで見られる時代になぜあなたは○○新聞を選び続けてくれるんですか」といった内容のアンケートをした。そのアンケート結果をもとにして記事を作る企画を立てていたわけですね。でも、実際にはアンケート結果を集計した段階で企画はお蔵入りになってしまったそうなんです。なぜかといえば、「(○○新聞を購読しているのは)やはり記事がいいから」とか「いい情報は有料でも見たいから」という回答もそれなりにはあったようなのですが、一番多かった回答は、「なんとなく購読してきたから」だった。要するに、ほとんどの新聞購読者は、電気や水道やガスを申し込むのと同じように、「新聞を購読する」ということが生活の中に習慣として組み込まれていたから取っていたんですね。他の新聞や他のメディアと比較検討して、積極的にある新聞を選ぶわけではなくて、「特に解約する理由がないから、契約している」ということだった。

Point

この「定期購読」という仕組みが強力なのは、ネット上でも同じです。新しいジャーナリズムの一つのモデルであるメルマガで、僕がそこそこの成功を収めることができたのも、この「定期購読」の仕組みに負うところが大きいと考えています。

実は、メルマガというビジネスは解約率が異様に低いんですね。平均すると毎月五〜一〇パーセントほどです。これは、実際に発行している側からすると、とてもありがたいことです。

例えば、一〇〇〇人の読者がいるメルマガであれば、とにかく毎月一〇〇人以上の新規読者を増やしていれば、全体として購読者数が増えていく。そして、内容さえしっかり作っておけば、一〇〇〇人の読者がツイッターやブログでメルマガの宣伝をしてくれるようになるので、新規読者を一〇〇人くらい増やすことはそこまで難しい話ではない。

こうした状況を見て、「ネットにしてもオールドメディアにしても、メディアビジネスとして一番強いのは定期購読という仕組みを取り入れたものなんだな」と僕は思いました。一度契約さえしてしまえば、読者側がまったくアクションを起こさなくても定期的に送られてくる。この仕組みこそが、メディアビジネスにおいては最強なんだな、と。

池上　なるほど。販売店の功罪という面から見ると、新聞の電子化にも大きな影響を与えていますね。なぜ、**日経新聞社がほかの新聞社と比べて、あれだけ早く電子化に力を入れることができたのか。それは、専属販売店がほとんどないから**です。

日経新聞社は、全国紙というより経済専門紙で、都心部以外の読者への配達は各地の地方紙の販売店に委託しています。朝日新聞社や読売新聞社、毎日新聞社は自前で販売店を揃えています。だから、これまで営業をがんばって新聞社を支えてきた販売店の顔も立てなければいけない。もし、社として電子版の販売に力を入れて自社サイトで電子版の販売をするようになると、購読料がみんな直接本社に入るようになって、販売店にお金が落ちなくなる。顧客データも販売店が「握る」ことができなくなる。すると、販売店の新聞社内での力が急落してしまいます。これを販売店は嫌がるし、実際、今でも販売店の営業力に頼っている新聞社としては、彼らの意向を無視することができない。だから、いわゆる全国紙の新聞社は電子版に全面的に舵《かじ》を切ることができないのです。

その点、日経新聞社は、もともと販売店との関係が薄いからこそ、思い切り電子化を進めることができたのです。ほかの新聞社は「紙の新聞を購読している人には、電子版を割引します」といったことしているのですが、中途半端であまりうまくいっているようには見えませんね。

津田 朝日新聞の電子版購読者のうち九割の人が、紙版の宅配購読料金にプラス一〇〇〇円を払って電子版の購読を申し込んでいるようです。まあ、電子版だけだと月額三八〇〇円ですから、買う側からすると高すぎますよね……。

チャンスは「データベース化」にある

津田 以前、「ここに新聞の未来のかたちがあるのかもしれない」と感心したのが、読売新聞の「ヨミダス文書館」【注14】です。これは、月額一五七五円を払うと、一九八六年から今現在までの読売新聞の過去記事などを全文検索できるサービスです。

How to interpret TV, Newspapers and the Internet

ものすごく重宝していたのですが、二〇一四年にサービスがリニューアルして、大幅に値上げされてしまいました。なぜほかの新聞社は同じようなサービスを提供しないのだろうと調べてみたら、ほかの新聞社でも一応似たサービスはあるようです。ただ、企業向けのビジネスなんですよね。記事のデータベースを一件ずつ数百円という単位で売っている。

池上　日経テレコンの記事検索なども、まさに過去記事を企業やプロのジャーナリストに売るサービスですよね。

津田　その点、読売新聞はおそらく企業には記事データベースとしてはあまり使われていない。だからこそ、一般の利用者にとって使い勝手の良いサービスに落ち着いている気がします。

　僕はこのサービスは、単なる過去記事販売サービスで終わるものではないと思っているんです。むしろ「これからの新聞のかたち」があるとすら思っています。つまり、これからの新聞はすべて、データベースとして販売すればいいのではないかということですね。

紙の新聞であれ、電子の新聞であれ、従来のように「新聞のレイアウト」に押し込めて、ある種の「読み物」として売るのではなくて、徹底的にデータベースとして売る。サイトのデザインにヘタに凝る必要もない。シンプルに月五〇〇円を支払ってもらえれば、全文を検索できて、該当記事を読むことができるというサービスを提供すれば、十分にペイする気がします。五〇〇円しか払っていない人は「検索は月五〇回まで」と制限をかけて、月に一五〇〇円払えば、何回でも検索できるといった階段状の価格設定にしても良いかもしれません。

これは新聞社にしか作れない、価値あるデータベースだと思います。データベースなんて作らなくても、グーグルで検索をすればいいじゃないか、という人もいるかもしれません。でも実は、データベース検索として最近のグーグルはあまり使い勝手の良いものではなくなってきているんです。昔のグーグルは、時間の経過については あまり考慮せずに、「良い情報は検索の上位に来る」というアルゴリズムを追求していました。たとえそれが、五年前にアップされた情報であっても、昨日アップされた情報よりも情報として優れていると認識されれば、上位に来た。でも、今はそうではないんです。とにかく新しい情報やブログ、ソーシャルメディアの情報しか上位に来ない。

これはソーシャルメディアが普及した影響です。ソーシャルメディアというのは、新しい情報が玉石混交でどんどん流れてきます。今のグーグルはそのソーシャルメディアの情報も検索結果の上位に来るように設定されている。ソーシャルメディアで何が話題になっているのかを知りたい人からすると、それはそれで便利なのかもしれませんが、信頼できる情報を得ようとすると、グーグルの検索結果がまったく使いものにならなくなってしまったのです。

実際のところ、今、一番検索できないのは一〇年くらい前の情報です。二〇〇〇年頃にどういうことがあったのか、詳しく知ろうと思ってもネット上で検索するのはかなり難しい。昔はみんな大宅壮一《おおやそういち》文庫に行ったり、国会図書館に行って過去記事を調べていたのが、ある時期から、みんなネットで調べるようになった。便利になって良かったと思っていた。

しかし、一定以上古い時代にアップされた記事というのは、思いのほか検索できないことがわかってきた。グーグルの検索では、ものすごく下位に位置づけられてしまっていて、ほとんど掘り出せないほどですし、新聞社は新聞社で以前は今以上にネット上に記事を掲載することに慎重になっていたのでそもそも記事情報がない。さらには、個人のウェブサイトも、当時のプロバイダの契約が切れたりしていて、読めなくなっていたりする。

昔は「ネットに情報を置いておけば一〇年後でも一〇〇年後でも、みんなで知の共有ができるはず」という暗黙の前提がありましたよね。それが、まったく間違っていたことが、この数年でわかってきた。「ああ、ネット上の情報は、こんなに簡単に消えてしまうものなんだ」と思ったことがある人は多いんじゃないでしょうか。

池上 なるほど。それは今言われてみて、初めて気が付きました。「そういえば、昔の記事を読もうと思ってもなかなか出てこないな」とはなんとなく感じていましたが、そんな背景があったのですね。

津田 そうなんですよ。「そもそも記事情報が消えてしまっている」ということに加えて、「グーグルのアルゴリズムが変わった」というダブルパンチで、ネットが過去記事のアーカイブ場所として機能しなくなってきている。僕は自分でもネットメディアを運営しているので、アクセスログを辿って、読者がどのような道筋で僕のサイトに辿り着いているかを調べているのですが、四、五年前まではグーグル経由が圧倒的でした。どのような内容の記事であっても五割以上がグーグルから飛んできていたのですが、今や二割ほどまで落ちていて、ほとんどはフェイスブックやツイッター経由です。でも、フェイスブックやツイッター自体は拡散機能は持っていますが、検索機能もデータベース機能も弱い。

だからこそ、新聞社にチャンスが訪れたとも言えるわけです。

「インプレス・ウォッチ」【注15】などIT系のメディア記事は、一九九六、九七年くらいからサイトにログがすべて残っているので、グーグルからではなく直接そのサイトに行ってそのサイト内の検索機能を使えば、過去記事を検索できます。これは相当数の利用者がいると思います。

新聞も同じようにすればいいんです。信頼できる記事を検索したいという人に対して、グーグルではなく、自社サイトの検索に来てもらうようにする。そこでビジネスができるはずです。

このように、この一〇年間に激変していったネットの状況を見ていて言えることは、いざというときには、すでに膨大なデータを持っている「新聞」は非常に頼りになるし、価値があるということです。新聞社にはそれこそ、何十年にもわたって綿密な取材をして集めてきた情報がストックされています。グーグルで検索してもいい情報が見つからないというときに、月にいくらかを払って新聞社のサイトで検

Point

索したらすごくいい情報が見つかる、というようになれば、確実に読者はつくでしょう。結局、ネット時代の新聞ビジネスとしては、**「過去記事のデータベース化」が新聞社が生き残るための鍵なんじゃないか**と思うんです。

池上　本当にいい視点だと思います。せっかくプロがしっかり調べた記事をたくさん持っているわけだから、それを有効に活用しない手はありませんよね。

津田　新聞だけでなく、テレビ番組に関しても、内容や出演者の名前で検索できるようなデータビジネスが、高い価値を持つようになるかもしれませんね。

池上　NHKの内部検索システムは、すでにそういう感じになっていますね。

津田　そうなんですよね。それを民放も含めて、報道番組だけでも、ネットで検索できるようになると、これまでとは違ったテレビ視聴の価値が出てくるはずです。月に五〇〇円から一〇〇〇円であれば、喜んで払う人はたくさんいますよ。

なぜ先ほどから僕が、人は「使いやすい」データベースにお金を払うと言い切っているのかというと、その心理は、大流行しているソーシャルゲームの課金の仕組みと同じだと思うからです。いい情報を見つけようと思ったとして、二時間も三時間もかければ、グーグル検索だけでもそれなりの情報には辿り着くでしょう。でも、その時間を確実に短縮できるとなれば、そこにお金を払う人はいるはずです。ソーシャルゲームの課金システムというのは、「無料でも十分に遊ぶことはできるけれども、お金を払うとラクになりますよ」というものです。月三〇〇円くらいのお金を払ったとしても、時間をかけずに早くレベルアップしたいという人がお金を払うわけです。

現代人は忙しいので、とにかく時間を短縮したいという人が多い。ソーシャルゲームはそこに目をつけたわけですが、ゲーム以上に「情報収集」をしたい、という人には時間がない人が多いはずです。だから、そこをビジネスに変えていけばいいと思うんです。

池上　そうか。アイテムをお金で買うように、情報を買うわけだね。もっと言えば、「お金で時間を買う」という古典的な手段を見直して、現代に当てはめてメディアビジネスにしようと。

津田　実はメルマガビジネスも本質は、その「時間の圧縮」にあると思っています。例えば、ニコニコ生放送で二時間の番組があったとします。パソコンの前に二時間へばりついていることができる人は動画で見ればいいですが、それができない人もいる。でも内容は知りたい。そこで、動画の内容を文字に起こして、読みやすく構成すれば、二時間のトークが二〇分ほどで読めるものになる。時間にしたら一〇〇分もの短縮になりますよね。これなら有料でも買ってくれるんです。

【注】解説

【注1】『ニューヨーク・タイムズ』（1951年〜）

世界的に有名なアメリカの日刊紙。国際・経済報道に強く、論説コラムや書評が充実していることで知られる。『ワシントン・ポスト』と共同発行していた『インターナショナル・ヘラルド・トリビューン』を2002年に買収。日本では朝日新聞社と提携しており、東京支局が朝日新聞東京本社内にある。

http://www.nytimes.com/

【注2】『ワシントン・ポスト』（1877年〜）

首都ワシントンD.C.を地盤とする、アメリカを代表する日刊紙のひとつ。国際・政治報道に強く、1972年のウォーターゲート事件のスクープなどでも有名。2010年に『ニューズウィーク』の事業を売却するなど、近年は事業再編を重ねている。

http://www.washingtonpost.com/

【注3】「津田大介の『メディアの現場』」（2011年〜）

津田大介を編集発行人として2011年8月31日より発行されているメールマガジン。マスメディアからソーシャルメディアまで、新旧両メディアで縦横無尽に活動するジャーナリスト／メディア・アクティビストの津田大介が、日々の取材活動を通じて見えてきた「現実の問題点」や、激変する「メディアの現場」を多角的な視点でレポートしている。

http://yakan-hiko.com/tsuda.html

【注4】『ウェブで政治を動かす！』（津田大介／朝日新書／2012年）

【注5】田中派と福田派
政治家・田中角栄と福田赳夫、それぞれの派閥を指す言葉。両者派閥間で繰り広げられた政治上の権力闘争は「角福戦争」と呼ばれ、1970年頃から1985年まで続いた。

【注6】毎日新聞の「WaiWai」事件
毎日新聞社が配信していた海外向けの英語報道サイト「デイリーニューズ」の英語コラム「WaiWai」の記事に、あまりにも低俗な内容が多いとして問題になった事件。2008年に問題が表面化し、コラムは閉鎖されたが、同社のスポンサーや関連団体などの名前や連絡先がネット上に公開され、抗議が寄せられた。

【注7】山本七平が言うところの「空気」

作家の山本七平は『「空気」の研究』（文春文庫／1983年）の中で、戦中や戦後の事件、公害問題を通じ、その時代やその場の暗黙のルール（＝「空気」）に縛られて行動してしまう日本人特有の性質について語っている。「われわれは常に、論理的判断の基準と、空気的判断の基準という、一種の二重基準のもとに生きているわけである。そしてわれわれが通常口にするのは論理的判断の基準だが、本当の決断の基本となっているのは、『空気が許さない』という空気的判断の基準である」

【注8】『日経MJ』（1971年～／日本経済新聞社）

日本経済新聞社が発行する、消費と流通、マーケティング情報の動向を伝える専門紙。2001年に、「日本流通新聞」より現在の名称に変更。

http://www.nikkei.co.jp/mj/

【注9】『日経産業新聞』（1973年～／日本経済新聞社）

日本経済新聞社が発行する、テクノロジー、マネジメント、マーケティングを中心に産業・企業情報の動向を伝えるビジネス総合紙。

http://www.nikkei.com/tech/ssbiz/

【注10】『プロパブリカ』（2008年～）

アメリカのニューヨーク市マンハッタンに本拠を置く非営利の報道組織。社会的な不正や矛盾に切り込む調査報道を専門としている。

http://www.propublica.org/

【注11】日本の新聞の発行部数

2016年8月時点、日本ABC協会「新聞発行社レポート」によると、朝刊の発行部数は読売新聞が約901万部、朝日新聞が約658万部、毎日新聞が約309万部。

【注12】『プラウダ』（1912年～）

ロシアの全国日刊紙。もとはソビエト共産党中央委員会の公式機関紙であり、最盛期の発行部数は1008万部を上回り、世界一を誇ったこともあった。

http://www.pravda.ru/

【注13】三種の神器

1950年代後半に、白黒テレビ、洗濯機、冷蔵庫を豊かな生活の必需品として謳ったキャッチコピー。


【注14】「ヨミダス文書館」（2009年～）

読売新聞が提供するオンライン・データベース。全文検索のほかキーワードや人物名などから過去の新聞記事を検索できる。

http://www.yomiuri.co.jp/database/bunshokan/

【注15】「インプレス・ウォッチ」（1996年～）

同名の株式会社が運営するIT系総合ニュースサイト。1996年にインプレスが日本初の電子メール新聞である「インターネット・ウォッチ」を創刊したのが始まり。

http://www.watch.impress.co.jp/

メディアの仕組みを知るための5冊
〈池上 彰〉編

鈴木 寛
『テレビが政治をダメにした』
双葉新書

テレビによって踊らされる政治家たちの生態と、民主党の失敗から学ぶことは何か。

原 寿雄
『原寿雄自撰 デスク日記』
弓立社

共同通信デスクだった著者が1960年代にペンネームで書いたマスコミ内部からの報告。当時は記者のバイブルだった。

山田健太
『3・11とメディア』
トランスビュー

あのときメディアは何をどう伝えたのか。あのときの印象ではなく、エビデンスで語るために。

小俣一平
『新聞・テレビは信頼を取り戻せるか』
平凡社

ジャーナリズムの本領は、発表を聞くことではなく、自力で取材すること。調査報道を知るために。

山田 順
『出版・新聞 絶望未来』
東洋経済新報社

紙媒体と電子メディアの未来はどうなるか。出版の立場から見た暗い未来から明日の希望は生まれるか。

第三章

ネットの情報、どう付き合えばいい？

ツイッターやフェイスブックは革命のきっかけに過ぎなかった

津田　第一章と第二章では、テレビと新聞という旧来のマスメディアの課題と展望についてお話ししてきました。この第三章では、それら旧来型メディアを根底から揺るがせた新メディアについて、討論したいと思います。

　ツイッターやフェイスブック、あるいはニコニコ動画など、この三年ほどの間に、新聞やテレビに代わって国会中継や党首討論を放映するようなニューメディアもできましたし、市民の意見を吸い上げることのできるさまざまなソーシャルメディアが勃興しています。

　これは日本だけの話ではなくて、世界の潮流と言っても良いと思います。例えば、二〇一〇年に起きた「アラブの春」【注1】、二〇一一年に起きた「オキュパイ・ウォール・ストリート」【注2】などが代表例ですが、ネットの中で渦巻いていた不満や主張が、現実の世界に影響を与える、もっと言えば、現実の世界のデモや革命につ

ながるといったことが起きました。

日本で言えば、二〇一一年の三月十一日に東日本大震災という大きな災害に直面するにあたって、ソーシャルメディアは、情報発信あるいは「人と人をつなげる」といった側面で大きな役割を果たしました。

池上さんは、これらのソーシャルメディアやネットメディアの台頭をどのように見ていますか。

池上　あまり一般論を話しても仕方がないので、まずは「アラブの春」に絞って話をしますね。この「アラブの春」は、日本に限らず世界中のメディアが「ツイッターで革命が起きた」「フェイスブックで革命が起きた」と伝えました。実際に、そう考えている方は今でも多いと思います。しかし、実際に現地を取材してみて、さらに革命が起きるまでのいきさつまで含めて考えると、「そんなに簡単なものではない」と言えます。
きっかけは確かにツイッターやフェイスブックで「人と人がつながっていった」ことだと思います。ただ、直接的にデモを起こした市民がツイッターやフェイスブックでメッセージを交換して、つながっていったわけではないんですね。例えば、

チュニジアにしてもエジプトにしても、みんながソーシャルメディアにアクセスしているわけではない。むしろインターネット環境を利用できる人は実は非常に少なかった。ここを忘れて、日本人と同じように国民のほとんどがケータイやスマホを持っていて、何千万人もがソーシャルメディアを利用していると考えていては、世界で何が起きているのかを見誤ることになると思います。

これまでは、政権に不満があって、独裁者に対する反対運動をしようとしても、呼びかける手段はありませんでした。ポスターなんて貼っていたら捕まってしまうし、「今度、どこそこで反政府の秘密集会があるけど、来てみないか」という話を伝言ゲームのようにみんなに広めていくにしても、どこに当局への密告者がいるか分からない状況ですから危険でできなかった。これはツイッターやフェイスブックを使っても同じことです。ソーシャルメディアを通じて伝言ゲームをしようとしても、密告者が紛れ込んでいれば、そこで芽を摘まれておしまいです。

津田　確かに、イランでも、ツイッターで反政府運動が起きたという話がありましたが、幹部同士の電話やメッセージ、イラン滞在中の外国人ジャーナリストたちが自国の会社にかける国際電話は全部当局に筒抜けだったそうですね。

池上　そうですね。だから結局、イランの革命は途中で潰されてしまいましたよね。では、なぜ「アラブの春」は成功したのか。アラブにはアル・ジャジーラ【注3】があったんですね。アル・ジャジーラはカタールの衛星テレビ局です。このテレビ局はアラブ全域にアラビア語の番組を流しています。イランはペルシャ語が公用語ですけれども、ほかの国は、チュジニアにしてもエジプトにしてもリビアにしても、みんなアラビア語を使っています。だから、アル・ジャジーラの放送を見ていれば、何が起きているかが分かるわけです。独裁者も自国のテレビ局であれば、圧力をかけて自分にとって都合の悪い放送をやめさせることもできますが、他国のテレビ局の放送となれば、そうはいきません。

当然、アル・ジャジーラの記者たちは現地のツイッターをチェックしています。すると何が起きるのか。例えば、カイロであれば、「金曜日の集団礼拝のあとにタハリール広場に集まろう」といったメッセージがツイッターやフェイスブックに書き込まれます。すると、それを読んだ一握りの若者たちが集まるわけですよ。その集会が開かれるという情報は、アル・ジャジーラもキャッチしていますから、取材に行く。そして、アラブ中に放送されるわけです。そこで初めて、インターネットを利用できる環境にいない人にまで、革命が起きようとしている事実が伝わるわけですね。さらに、その放送の最後に、「なお来週の金曜日も、集団礼拝のあと、タハリール広場で集会が開かれます」とキャスターが言えば、一気にたくさんの若者たちを集めることができるようになる。彼らはテレビから「おー、来週の金曜日にあの広場へ行けばいいんだ」と知ったのです。そこから「アラブの春」は大きく前進したんですね。

津田　なるほど。確かに、かなり裕福な国とされているエジプトでも、ネットにつながる携帯の所有率は、まだ六〇パーセントぐらいで、ブロードバンド回線の普及率に至っては、二〇一四年でわずか三・七パーセントでしかない。つまり、デモに参加していた人の多くは、別にネットリテラシーが高かったわけではない。けれども、一部のエリート層や知識層の中で政府に不満を持つ人たちがソーシャルメディアを使って、とにもかくにも集まった。その情報をアル・ジャジーラというマスメディアがより拡散させたことで、国全体が動き始めたということなのでしょうね。

池上　そうです。「アラブの春」が成功した重要なポイントは、ネット環境にない人も、その動きを知って集まることができたことです。一方、イランの場合は、ツイッターを通じてかなり激しい反政府運動は起きたのですが、あくまで一部のエリート層に限られてしまった。反政府運動の情報をイランの人全体にきちんと知らせることのできるマスメディアが存在しなかったから、途中で潰れてしまったのではないでしょうか。

津田　まとめると、ソーシャルメディアによる情報発信だけでは革命は起きなかったけれども、ソーシャルメディア上に書きこまれた情報をきっかけとして、マスメディアの報道の対象となる事件が起きた。つまり、ソーシャルメディアとマスメディアの情報発信が二段構えになることによって大きなうねりになっていった、ということですね。

池上　ええ、そうだと思います。反政府運動の流れは中国にも飛び火して、「中国版ジャスミン革命」が起きそうになりましたね。微博《ウェイボー》などで「不満を持った人は集まろう」と呼びかけがあった。けれども、実際に集まったのは、ソーシャルメディアにアクセスできる一握りの若者たちばかりでした。一般市民には広まらなかった。むしろ、その書き込みを読んでいた当局の公安が、集会場所への道路をあらかじめ封鎖してしまった。だから、海外メディアもそこに集まることは集まったけれども、結局はすべて排除されてしまった。それで、多くの中国の人たちは、事件の存在すらまるで知らないままになっていたというわけです。これではやはり革命にはつながらない。

津田　そのことを別の角度から言うと、マスメディアとソーシャルメディアは、そもそも伝えようとする情報の質が違うということですね。マスメディアは、「そこで起こったことをそのまま伝える」という方法論で情報を伝える。もっと言えば、アル・ジャジーラは、アル・ジャジーラの意見として、「政府を倒すためにデモを起こそう」と発信することはしない。

池上　そうですね。もちろん放送局の方向性はあるとしても、表向きはそういう主張を放送することはしません。

津田　つまり、ツイッターやフェイスブックだけでも「アラブの春」は起きなかっ

たわけですが、同時にアル・ジャジーラだけでも「アラブの春」は起きなかった。最初の発火点を作る役割を担うのはマスメディアではないんですね。市民の誰かが「今の状況を変えたい！」と強く思ってデモを起こした。それが発火点であって、溜まりに溜まった不満に火をくべたのが、ソーシャルメディアの役割だったんでしょう。

池上 そうだと思います。しかも、チュニジアにしても、エジプトにしても、国内のテレビ局はすべて徹底的に統制されていて報道の自由はなかったわけです。ところが、そういう情報統制を突き破る形で、ツイッターやフェイスブックをきっかけとして運動が起きていったというのは、やはり画期的なことです。

津田 アル・ジャジーラはアル・ジャジーラで、少し変わったマスメディアでもあって、彼らは自分たちがビデオカメラで録画したものを編集してテレビで放送するだけではなくて、デモの会場に行ったときに、現場で起きていることをスマホやタブレットを使ってツイッターで情報発信していたんですね。そういう意味で言うと、「アラブの春」の反政府運動はテレビもネットも利用できるものはすべて利用しようというスタンスで動いたことがポイントだった気がします。今までも、反政府運動の気運はありました。それこそ、何十年にわたって不満は積もり積もってきた。

でも、反政府運動は何度も潰されて成就しなかった。それが、今回はドミノ倒しのように「アラブの春」が起きた。ネットの技術がこの革命のきっかけをつくったのは間違いないと思いますが、同時に、多くの人々の心と体を実際に動かしていくにあたって、「使えるものは何でも使う」というなりふりを構わない態度が、重要な要素になったように思います。

SNSの普及で上がる情報統制コスト

How to interpret TV, Newspapers and the Internet

池上　今後の課題としては、「アラブの春」のような運動を、イランや中国でも成功させるにはどうすればいいのかを考えるということでしょうね。

津田　ツイッターやフェイスブックの登場は、権力者にとってメディア統制が非常に難しくなったことを意味します。情報統制を行うこと自体がデモを引き起こすことにもつながっていますし、リツイートやシェアなどで情報が瞬時に流通するソーシャルメディアの台頭によって、とにかく情報を監視するコストが跳ね上がった。これまでのように、大手マスメディアだけに目を光らせていればいいというわけではなくなったわけですからね。

池上　中国には、インターネットをひたすら監視して、反政府的な書き込みを見つけたらすぐに削除するというサイバーポリスが、何年か前には三万人いると言われていましたが、これだけソーシャルメディアを利用する人が増えると、そんな数ではとても対応できませんね。現在は十万人いるのではとも言われています。

津田　そうですね。ただここで注意をしなくてはいけないのは、中国政府に十万人の監視用職員がいるわけではないということです。では、どのように政府にとって都合の悪い書き込みを検閲しているのか。民間の企業に委託しているのです。

早稲田大学の大学院で僕が教えている学生の中に、中国の検閲企業で検閲のアルバイトをしていたという中国人の女の子がいました。日本にとって有利な情報、それから中国にとって不利な情報を、見つけ次第、すべてプチプチ消していくわけです。

ただ、この作業を続けていると、ある種のメディア・リテラシーがつくんですよね。「この情報は一見すると反日的な書き方をしているけど、実は親日的な情報だ」とか、そういうことを読み取るのが仕事なわけですから、情報を読み取る力が付く。彼女は親日的な記事をたくさん読んでいるうちに、日本のアニメやアイドルが大好きな親日家になってしまって、日本に留学してきた。

彼女に限らず、僕のジャーナリズムコースには、中国人留学生がすごく多くて、全学生の半分くらいは中国人留学生です。これは今後の日中関係を考える上でも、とても重要なことだと考えています。

例えば、「ツイッターでこんなことが起きている」「世界ではネットによってジャーナリズムがこう変わっているんだ」といったことを日本で学んだ人たちが、中国に帰って、中国の新聞やテレビを見れば、どこがおかしいのかすぐに分かるはずです。

そんな彼ら、彼女らが中国のマスメディアに就職したり、ソーシャルメディアを

Point

通じて、自ら情報発信をしていくようになると、日中関係も少しずつ変わっていく可能性がある。ネットだけで世の中は変わらないかもしれないけれども、少なくとも「人間」が変わっていけば自然と世の中も変わってくるんじゃないかなと思うんです。

池上　その可能性は十分にありますね。

「オキュパイ・ウォール・ストリート」が蒔《ま》いた種

How to interpret TV, Newspapers and the Internet

津田　もちろん中国政府も、これまで通りのメディア統制は不可能だと悟って、ある段階からは、必要最低限のメディア統制はしながら、ネットとうまく付き合う方法を模索していくでしょう。

ただ、忘れてはいけないことは、すでに今でも、一〇年前や二〇年前であれば、絶対に起きていないことが現実のものになっているということです。「アラブの春」もそうですし、「オキュパイ・ウォール・ストリート」も明らかに新しい社会運動のひとつでした。

池上　アメリカの場合は、ネット環境がアラブよりもずっと整っていて、ほとんどの人がアクセスできるようになっていますから、テレビが報道するようなことをしなくても、ソーシャルメディア上の呼びかけだけで、大勢の人が集まりました。

そもそも、このオキュパイ・ウォール・ストリートに集った人々の怒りの矛先は何かと言えば、所得格差です。アメリカは、ブッシュ政権以降、とてつもない格差社会になっています。経営者、資本家、金融トレーダーといった人たちの年収と、一般労働者との年収の格差は、二ケタもあります。そうした状態に対する不満がずっと溜まっていたわけです。

ところが、このような事実をいわゆる既成メディアではなかなか報じてくれないという思いがあった。それが一気にソーシャルメディアを通して爆発したということだと思います。

津田　オキュパイ・ウォール・ストリートが興味深いのは、ウェブサイトに「この方法論をみんなで共有して、どんどん世界中で広げていきましょう」といったことが書いてあることですね。それこそ「まずはここでデモをやります」「その次はこういう行動を取ります」といったかたちで細かく方法論が明記されている。そしてそれが実際に、「自分たちの主張を実現していくための方法論」として、社会に不満を持つ世界中の人々たちの間でものすごい勢いで共有されていきました。

池上　あのジョージ・ソロス【注4】が共感を示しているのも面白いですよね。彼は投資で莫大な金を儲けたあと、ポーランドなど東ヨーロッパ諸国の反政府運動・民主化運動に対して、背後からさまざまな支援をしてきました。「世界に民主主義を広げなければいけない」と考えている彼は、ウクライナやグルジアにおける反ロシア運動の組織にも、反体制運動のノウハウをずいぶん教えていました。「オキュパイ・ウォール・ストリート」で一気に拡散された方法論は、ジョージ・ソロスが伝えた反体制運動のノウハウと重なる部分が多いと見ることもできます。

日本の閉塞《へいそく》感は打破できるのか

津田　日本でも、東日本大震災の影響で原子力発電所が事故を起こして以来、脱原発を求めるデモも起きています。これまでの日本には、どこかデモに対する抵抗感のようなものがあって、市民の不満が溜まりに溜まっても直接行動に訴えることはなかった。でも今は、あちこちでデモが起きています。この辺りの変化を引き起こしたのはネットの影響が大きい。

池上　世界の人たちと比べると日本人は本当におとなしいですね。何か不満があっても我慢をしてしまう。だから、ここ三〇年くらいはほとんど大規模なデモは起きなかった。たまにデモがあったとしても、わずか一握りの人だけが参加するものだったので、まったく影響力を持ちませんでした。たまたま通りかかった人にも、「変わった人たちがいるなぁ」くらいにしか思われていなかった。ところが、原発の事故以来、脱原発に向けて「ごく普通の人たちが普通にデモに参加する」ことが起きてきた。原発事故を境にデモに対する違和感や偏見のようなものは、かなりの程度消えたように思います。その引き金になったのは、やはりネットでしょうね。ソーシャルメディア上での呼びかけもそうですし、みんなの書き込みを読むことで「ああ、こうした不満や不安を持っているのは自分だけではないんだ」ということが共有されるようになったのは大きい。

津田　それでもやはり、日本のデモは迫力がないという見方もできると思いますが、池上さんはどう見ていますか。

池上　モチベーションの問題だと思います。マスメディアやソーシャルメディアを使って、デモを拡散する以前に、デモを起こすモチベーションを日本人がどれほど持っているのか。

例えば、チュニジアにしてもエジプトにしても、まったく自由な発言ができない状況なわけです。もちろん日本にも閉塞感は漂っているわけですけれども、反体制的な意見を言えば、すぐに警察に捕まって牢屋に入れられてしまう、あるいは殺されてしまうといったレベルの締め付けはありません。アラブの革命は、マグマのように溜まった不満が一気に噴きだしたからこそ迫力があった点を忘れてはいけません。チュニジアにしても、リビアにしても、エジプトにしても、とにかく「変えないと未来がない」と、本当に切羽詰っていた。そうすると「情報をどう出して、どう連帯して……」ということを必死に考える。

その点、日本では、もちろんさまざまな問題はあるけれど、そこから目を背けていても、そこそこ快適に暮らせてしまえる。どうしてもチュニジアなどに比べて「切実さ」が足りない。すると「どうやって世の中を変えていこうか」と本気で考えるまでには至らない。

人口論の観点からも、日本ではデモが起きにくい。チュニジアやエジプトでは、若い人が非常に多いわけです。その若い人の多くが失業している。その不満のエネルギーはかなり大きなものになります。アメリカで、オキュパイ・ウォール・ストリートが起きたのも、今のアメリカがアラブ世界と同じくらい若い人の多い国だったことも関連しているはずです。若い人が多くて、しかも失業者が多い。そういう同じような社会状況だからこそ、デモが起きたようにも見えます。その点、今の日本は、高齢化しています。若い人の失業問題は顕在化してきていますが、比率として高齢者のほうが多い。ヨーロッパの先進国も同じですが、高齢者の比率が高いと、どうしても大きな運動にはなりにくい。

「日本でも格差が広がってきた」という指摘にしても、どこと比較するかという話です。確かに、以前の日本や北欧諸国と比べれば、格差は広がってきたのかもしれません。しかし、アメリカや中国と比較をしてみると、日本は格差が小さい。中東や開発途上国の現状を見たあとで、日本に帰ると正直、「あぁ、日本は本当に平等な国だな」と思います。

「切実さ」が世界を変える

津田　その日本にも「切実」に主張しなければならないことが起きた。それは言うまでもなく3・11ですね。震災以後、東北を中心としてたくさんの人が動き始めたのは、生きるために必死にならなければいけないことがたくさん起きたからです。

だから多くの人が情報を発信し始めたし、つながっていったように思います。

池上　まさにそうだと思いますよ。福島で原発事故が起きてしまったことで、3・11は東北だけではなく、日本中の人たちにとって、きわめて「切実な」自分の問題になった。自分の知っていることは発信するし、自分の知らないことは知りたいから、どんどんつながっていきました。そうして、実際に日本でもデモが起こるようになった。その意味では、「切実さ」が情報の連鎖を促して、情報の連鎖が世の中を変えていったと言えます。

津田　まずは、「情報を発信することで、人々がつながっていき、世の中は変わっていく」という意識を持つことが第一歩なんでしょうね。せっかくネットを使っているのであれば、自分は世の中の変革に多少なりとも役に立つことができるんだという感覚を持っていいと思うんです。別に普段から「世直しをするんだ」みたいな大仰な意識は持つ必要はない。そうではなく、もし何かあったときに自分が蚊帳《かや》の外ではなくて、そこに参加することができるんだと考える――まずはそこからじゃないかと思うんです。

ソーシャルメディアをうまく使って、「こんなふうに情報発信をすると、このように世の中は変わりますよ」という事例がたくさん出てくる必要があると思うんです。そうして「あっ、ネットって意外と役に立つじゃん」とか「ツイッターも捨てたもんじゃないね」みたいなことを感じる人が増えれば、少しずつ日本も変わっていくんじゃないかと。

実際に少しずつではありますけど、ソーシャルメディアがもたらす情報の連鎖や、彼らの「切実さ」は世の中を変えつつある。この事実をマスメディアの人たちはどのように捉えているんでしょうか。もしかしたら、今までのマスメディアに足りなかったのはそういう「切実さ」なんじゃないかと思うのですが。

池上　うーん……難しい質問ですね。少なくとも私自身は、何らかの情報を人に伝えたとき、相手の人がそれに反応してくれると嬉しいんです。それから、私が伝えた情報を元にして、人々が行動して、世の中が少しでも良くなればいいなという思いは偽らざるものとしてある。だからこそ、こういう仕事を選んだとも言えます。それはそれで十分に「切実」だと言える気がします。ただそのときに、世の中の人が動くこと自体は嬉しいけれども、それだけで本当にいいのかという問題はあります。自分の発信した情報で、世の中の人がどう動くことを自分は求めているのか、そこは突き詰めて考えていかないといけないとは感じています。

でも、今は偉そうにこんなことを話していますが、私も二十二、三歳のときは、何も見えていませんでした。地方の新人記者としてさまざまな事件の取材をして、ニュースの原稿を書いていましたが、当時はそれぞれのニュースバリューがまったく分かっていなかった。つまり、「このニュースは、日本にとって、はたしてどれほどの重要度を持つニュースなのか」が分からなかったんですね。「交通事故で一人が亡くなった……」「火事でニワトリ小屋が焼けて、大勢のニワトリが焼け死んだ……」。これらのニュースにどのような意味があるのか、判断できなかった。

言い換えれば、「何が情報なのか」ということに悩んでいたのです。これは、ソーシャルメディアが浸透して情報を発信するようになった多くの人も同じだと思います。そこで投げ出してしまうのではなくて、自分の発信した情報とその反響を見比べる。そうして、次第にどういう情報が誰に対してどのような力を持つのかが分かってくる。

誰もが情報を発信する今は、マスコミの人間だけでなく、みんなが情報でつながる楽しさと難しさを味わう時代なのだと思います。

フェイスブックは後援会、ツイッターは街頭演説

津田　ソーシャルメディアは一般の人だけでなく、企業や芸能人にとっても重要な情報発信のチャンネルになっています。その中でもこれから注目をしなくてはならないのが、ネットの普及が「政治」をどのように変えていくのかということです。政治家一人ひとりが自分のメディアを持つことになれば、それこそマスコミの政治報道にも変化が出てくるでしょう。単に政治家の言葉をそのまま伝える記事には何の意味もなくなりますから、その政治家の言葉のウラに込められた意味を解説したり、一般読者には分かりにくい政策の解説記事などを掲載しないと、商品価値がまったくなくなってしまうかもしれません。また、政治家としてはマスメディアに取り上げられなくても、自分の主張を世の中に伝えて、それが受け入れられれば強力な支援者を得ることもできます。

How to interpret TV, Newspapers and the Internet

池上　津田さんの著書『ウェブで政治を動かす！』にも詳しく紹介されていましたが、橋下徹《はしもととおる》さんのように発信力のある政治家（当時）は、もうすでにソーシャルメディアを最大限に利用して、一段と発信力を強めていますね。

津田　そうですね。もう政治家の中で、ソーシャルメディアにまったく触れていないという人はかなり少ないはずです。ただ、使い方はみなさんまだ模索中のようです。例えば、安倍晋三首相はフェイスブックを利用していますが、中身を見ていると、良くも悪くも無難な感じがするんですね。読者たちと政策について深い議論をしているわけでもなくて、安倍さんが何気ない「こんなことをしています」「偏向報道をされました」といった日常の報告をしているだけで、「いいね！」が二万も付いたりしている。いわば安倍首相がフェイスブックを使って「後援会」を作っている。一方、橋下徹大阪市長（当時）がツイッターでしていることは違います。自分の味方を直接囲い込むというより、とにかく敵を見つけて自分の言いたいことを誰に遠慮するわけでもなく言い切ることで賛同者を増やしている。「敵の敵は味方だ」みたいに、仮想敵が共通の人を仲間に引き入れているような感じ。

池上　そうすると、彼の主義主張に賛同している人だけでなくて、必ずしも賛同していない、あるいは完全に反対している人までも、「橋下さんは何を言っているのか」と知りたくて、彼のツイートを追いかけることになる。そういう意味では、フェイスブックはどうしてもファンクラブ止まりですから、ツイッターのほうがメディアとしては力があるということになるのでしょうか。

津田　僕は、ツイッターは「街頭演説」に近いメディアだと思っています。拍手もあるけど、野次も飛んでくる。細部に渡って議論をするというよりは、言いたいことをみんなに聴いてもらうという点でも似ています。そして、例えば橋下さんのように百万人を超えるフォロワーを持っている人は、ものすごく巨大なマイクとアンプで演説をしているイメージですね。

どのような状態をもってフェアとするかは、そう簡単には答えが出ないと思います。実際に、ソーシャルメディアを選挙活動に使うことを解禁したとしても、政治家によって向き不向きはある。例えば、ツイッターを使うとしても、非常に真っ当だけれども地味な政策論ばかりをツイートしている政治家もいます。一方には、炎上も辞さないスタイルでとにかく注目を浴びるようなツイートをする人もいる。どちらが政治家として日本のために良い仕事をしてくれるかは、この時点では正直分からない。でもそれをもって、ソーシャルメディアを選挙に使うのは「フェアではない」と言うことはできない。少なくとも、現状の限られた状態よりは健全化するかなという印象です。「なりすまし」やデマに基づくネガティブキャンペーンといった問題があれば、それは一つ一つ対応していくしかない。基本的には、政治家は自分の政策提言をするにあたって「使えるものはすべて使う」というスタンスでいるべきのように思うんです。

池上　「発信」というのは、政治家の本来の業務です。そもそも政治家というのは、自分の主義主張を世の中に反映させたいから、自分の理想を政策を通じて実現させたいから、政治家になっているはずです。だから、自分の考えをアピールするのは当然です。その手段として利用できるものは、ツイッターでもフェイスブックでも何でも利用すべきです。

津田　あきらかに時代の流れもそうなってきていますよね。二〇一二年の衆議院議員選挙で田中眞紀子《まきこ》さんは落選してしまいましたが、田中さんはホームページも持っていませんでした。おそらく、これまでは「もともと地盤もあるし、大臣も何度か担当しているので全国的に名前も売れているし……」ということで、新たに地盤を作る必要を感じていなかったのかもしれません。でも、もうそれが通用しない時代になってきた。

角度を変えて言うと、普通の国民は三六五日政治のことを考えているわけではないし、考える必要もない。でも選挙前の二週間くらいであれば、政治家のブログを読んだり、ツイッターを読んだり、ユーチューブやニコニコ動画で政見放送を見たり、政治家同士の討論を見たりしたいと思うはず。だからこそ、選挙活動をネットで行うことの意味は大きいんです。「どこに行けば政治家の話を聞けるの？」といった疑問が出ないくらい、あちこちにネット上に政治家たちの発言が流れているという状況が生まれれば、国民の政治リテラシーは少しかもしれないけど、上がる。今は露出が限られているから、タレント政治家が必要以上に目立って当選してしまう。でも、ネット上にさまざまな政治家たちの意見が当たり前のようにアップされるようになれば、中身がなければ目立つことが難しくなる。そういう意味で、二〇一三年に選挙活動のネット利用が解禁されたのは、政治のクオリティを上げるという側面からも、効果的だと思うんですよね。

池上　政見放送については、NHKがゴールデンタイムで流していますが、民放は深夜か早朝に、アリバイ作り的に流しているだけですよね。あれでは普通の人はなかなか見ることが難しいですね。

津田　今はスマホを持っている人も多くなりました。だから、選挙期間になったらユーチューブでちょっとした隙間時間に気になる政治家の政見放送だけを見るようにすればいい。今後はGPSが内蔵されていることを利用し、その人がいる選挙区の候補者が一覧できて、かつ、その候補者のこれまでの意見がリンクでまとまっていたり、政見放送が見られたりするような「選挙アプリ」を作るなど、工夫次第でこれまでとはまったく違うレベルの情報を有権者に届けることができるはずです。

「表現の自由」と「ネットの規制」

津田　ネットを語る上で外せないのが、「表現の自由」「著作権侵害」をどこまで許すのか、という問題です。

二〇一二年一月、著作権侵害をしている違法アップロードが多いということで、「メガアップロード」【注5】のサイト運営者七人がアメリカ司法省と連邦捜査局（ＦＢＩ）によって逮捕され、サイトは閉鎖されました。このサイトは、世界中の利用者が好きなファイルをネット上にアップロードでき、またそれを世界中の利用者が好きにダウンロードすることができる仕組みになっていました。これがＦＢＩ――国家権力によって閉鎖に追い込まれた。

実はこの話は、「ウィキリークス」【注6】の問題とも深く関連している話です。ウィキリークスは国家権力の秘密を暴くことを積極的に行っていることもあって、厳しい弾圧を受けました。一時期は、ペンタゴン（アメリカ国防総省）が、とにかく世界中の人たちがウィキリークスにアクセスできないようにするため、ウィキリークスにDNS【注7】を提供していた会社に圧力をかけて、「wikileaks.org」と検索をかけても、そのページに辿り着かないようにしたこともありました。

ネットの良さとは、やはり自由に表現できるところにあるわけです。言い換えれば、「言論の自由」という民主主義における基本的な権利を世界中の人々に与えてくれるものだとも言えます。

けれども一方で、困る人も出てきます。商品を勝手にタダでアップロードされることもあるし、誹謗中傷みたいな個人攻撃にも使われる。デマが流れることもあります。それらを規制することと、ネットの自由を活かし続けることのバランス点をどうとればいいのかを、我々は今後考えていく必要がありますね。

池上　それは永遠の課題ですね。かつて活字媒体が普及したときも同じように、どのように規制をしていくかが問題になりました。有名な事件としては、永井荷風《かふう》の『四畳半襖《ふすま》の下張《したばり》』【注8】が猥褻《わいせつ》文書として出版社が摘発されて、荷風自身も事情聴取を受けたことがありました。一九六四年に制定された、東京都青少年の健全な育成に関する条例【注9】も、改正のたびに話題になりますね。規制をする側としては、「これは青少年にとって有害な情報である。有害な写真である」とする一方で、表現の自由を標榜する側としては、「それは言論表現に対する弾圧ではないか」として、ずっと議論を続けてきた。それが今、インターネットの場でも同じことが起きているんだろうと思います。

例えば、違法アップロードに関しては法律違反だから取り締まる。でも、そもそもウィキリークスに接続できないようにするのはやりすぎだという判断も、ありえるわけです。何もかも規制すればいいと考えるのは、中国とまったく同じではないかと。

津田　二〇一一年の年末には、著作権を侵害している、または著作権侵害を助長しているウェブサイトについては、アメリカ政府の管轄外にあるものでも、アメリカ司法省に裁判所命令を請求する権利を与える法案「SOPA」【注10】が話題になりました。グーグルやフェイスブックなど、名だたるIT企業が反対して、結果としては先送りになりましたが、インターネットを生みだし、ネットの自由な空気に対しては理解が深いと思われているアメリカでさえも、こうした規制と自由の間で揺れ動いています。

池上　きっとこの問題は、個々に判断していくしかないだろうとは思います。総元締めを捕まえておしまい、というのはとても恐ろしい考え方です。一つ一つの事例について、法律違反があれば取り締まる。この大原則を踏まえた上で、できるだけ現実的な法律を作っていくしかない。中国のインターネットでは、「民主」や「法輪功」といったキーワードで検索しても、ものの見事にサイトにつながらない【注11】のですが、こうした状況はバランスを逸していると思います。

津田　中国には「微博《ウェイボー》」【注12】というツイッターにそっくりなサービスがありますが、ここでは、中国政府が作ったNGワードで、反政府的な書き込みがないかどうかフィルタリングしているようですね。

「規制」と「権利」の関係は、永遠にすっきりとしないものなのかもしれません。その時代、その国の置かれている状況でバランスが変わる。一点だけ言えることがあるとすれば、プロの記者たちが記事を作っているマスメディアと、「何でもあり」のインターネットでは、それぞれ「規制」と「権利」の基準が変わってくるということです。

インターネットという場所は、発信者として何のトレーニングも受けていない個人でも表現できる。一方のマスメディアは、プロの記者が書いて、しかもその原稿を何人もの人がチェックをした上で世の中に出される。だから、個人メディアとマスメディアでは、規制の強さも必然的に変わる。

例えば、テレビの場合は、放送法というものがありますね。テレビ局が報道番組を作らなくてはいけないということも、この放送法で定められています。公共の電波を使っているのだから、ある程度は公共的な役割を果たさなければならないという前提の法律になっている。NHKにしても、民放にしても、さまざまな特権が与えられている一方で、この放送法に縛られた中で番組を作っています。逆に、インターネットは何の特権もないわけですから、その分自由がある。両者はそういうかたちでバランスを取っている。だから、マスメディアと同じ基準でインターネットを規制するのはおかしいんです。

池上　そもそも言論を縛るというのは、表現の自由に反します。マスメディアにしても、個人にしても、そもそも平等に表現する自由が与えられている。その上で、法治国家の中で活動している以上は、名誉毀損であったり、著作権法違反であったり、威力業務妨害であったり、法律に違反した行動をすれば、取り締まられてしまう。これはマスメディアでも個人メディアでも変わらないように思います。

津田　法治国家である限りは、法律の枠組みの中で自由を担保《たんぽ》していくしかないということですね。

池上　そうですね。

メディア・リテラシーをどう鍛えるか

How to interpret TV, Newspapers and the Internet

津田　これまではネットの中でも「発信者」側から見た話を中心にしてきましたが、次は「受信者」側の話をさせてください。国家の目が届かないソーシャルメディアが力を持ってくると、デマも流れます。情報が溢れる時代だからこそ、メディア・

リテラシー【注13】の重要性も強調されていますが、「こうすればみんなのメディア・リテラシーが向上する」という決め手がないのは事実ですよね。

池上　実は、それが今の日本社会の課題です。小学校でも五年生以降は、社会科の一環として「情報」について教える時間が用意されています。国語の時間にも、情報の扱い方について、授業をするようになっています。国としても初等教育の段階から、国民のメディア・リテラシーのレベルを高めていかなければならないという意識を持っているのは事実ですが、なかなか効果が見えてこない。

津田　ネットの世界のことを「教育」として子どもたちに教えるのが難しい理由として、変化が速すぎることが挙げられると思います。例えば、「情報」をテーマにした教科書を作ったとしても、そこにはツイッターやフェイスブックの話は書けない。なぜかと言えば、たとえ作った時点では世界中から注目を浴びているサービスだったとしても、教科書検定を通るまでの四年の間に、状況がまったく変わってしまう可能性があるからです。例えば、十年前に、ニコニコ動画が政党の党首討論が行われるようなメディアになると予想できていた人は少ないわけです。一方で、これから四年後にニコニコ動画が今と同じようなパワーを持っているかどうかは分からない。そのくらいネットの世界は動きが「速い」ので、学校教育で教えるにはおそらく限界がある。

池上　限界はあります。でも、教えないよりはずっとマシだと思います。私が小学生の頃は、「メディア・リテラシー」という言葉すらなかったわけです。でも今は少なくとも教師や親が、こうした力を持つことが重要だと認識している。これは大きなことですよ。

津田　確かに人々がメディア・リテラシーを持つことは重要です。ただ、僕自身は、この問題は、実のところそこまで心配はしていないんです。なぜかというと、ソーシャルメディアという仕組みそのものが、ある程度はおかしな情報を弾いてくれるシステムになっているからです。

池上　かつてアフリカのルワンダでは、ツチ族とフツ族は仲良く暮らしていたのに、ラジオが「ツチ族がフツ族を襲っているぞ」というデマを流したことがきっかけになって、フツ族によるツチ族の大虐殺【注14】という事件が起きました。デマが悲惨な事件を引き起こした有名な例です。

　ただ、私はこんなことを考えるんです。もし当時、ツイッターのようなソーシャルメディアがあったら、はたしてフツ族はツチ族を襲ったのかどうか。このデマを信じることは、なかったように思うんです。現地にいた人たちから「いや、ラジオで言われたようなことは実際には起きていない」という報告が入れば、少なくともすぐに虐殺という行動を起こすことはないのではないでしょうか。

津田　おっしゃる通りですね。一番怖いのは、情報に多様性がないことだと思います。たとえ、どれほど誠実な報道を心がけていても、必ず穴は出てきてしまいます。だから一つの情報源が発信している状態は、その時点で危険度が高い。その意味で言えば、「デマが流れる」こと自体を止めるよりも、そのデマを打ち消すような情報経路を用意することが、国全体にとっても、受信者個人にとっても重要なことですよね。

池上　一九二三年に関東大震災が起きたときにも、「朝鮮人が井戸に毒を入れたのではないか」といったデマが流れて、虐殺にまで至りました【注15】。結局、当時は そのデマを打ち消す情報をどこも出せなかったのが最大の問題だったわけです。新聞社は被災してしまっているので、毎日の新聞を出すこともできない。だからデマについても打ち消すことができなかった。ラジオの放送が始まるのは一九二五年になってからだし。しかし、国民の大多数がネットにつながっている今であれば、同じようなことは起きなかったはずです。

津田 ソーシャルメディアは、確かにデマの温床になっています。もっと言えば、ソーシャルメディアは「ネガティブな動員」にも使えるツールです。二〇一一年にはイギリスで暴動がありましたが、これもソーシャルメディアでの呼びかけがきっかけになりました。

そして問題は、この暴動のためにアマゾンでヌンチャクがものすごく売れたことです。暴動情報に乗る形で「アマゾンでヌンチャクも買えるぞ。これを武器にして集まれ」と情報が広まった結果です。二〇一三年に東京の新大久保で激化した反韓デモもネットがきっかけで集まった集団が行いました。

けれども、ソーシャルメディアは同時に流れたデマを打ち消そうとする人が出てくる場所でもあるし、反韓デモに対する差別反対デモがすぐに生まれたりもする。「ちょっと海が汚いからみんなで掃除をしよう」といった「ポジティブな動員」も図れる場所なんですね。

池上 3・11の東日本大震災のあとにも、たくさんのデマが流れました。例えば、「東京の湾岸にあるコスモ石油の工場が火災になりました。危険な雨が降ります。気を付けてください」というデマが流れて、それを多くの人が信じて、善意から情報を拡散した。結局、それがデマだということが分かったわけですけれども、このデマを否定する情報もまたすぐに拡散されました。

津田 翌日には早くも、コスモ石油がホームページに「大丈夫です」と記載して、それをソースとして、デマを否定する情報が拡散されていきましたね。

池上 つまり、戦争時や大きな災害時は、その場にいる人はみんな不安になりますから、必ずデマが流れるんです。それがネットを通じて、以前よりも圧倒的に速く、遠くまで拡散するようになった。しかし拡散するがゆえに、多くの人がそれを見て

「あっ、これはおかしい。デマだ」と気がついて打ち消すことができるようになった。ソーシャルメディアというのは、いわゆる「デマの拡散」の装置であると同時に、その「デマの拡散」を止める装置でもある。そこのバランスで評価していかないといけません。

津田　個々人のメディア・リテラシーについての話に戻すと、大震災のような非常事態においては、なかなか普段通りに頭が働かない。そんなときにデマが流れてくるのですが、そこでどんなにリアリティのある情報であっても、頭のどこかで「もしかしたら嘘かもしれない」と一呼吸置いて考えることが必要なんでしょうね。さきほど池上さんがおっしゃったように、「大きな災害が起きたときには、デマがつきものだ」と知っていることが重要なんですね。それを心に留めておけば、別の角度からの情報を探ってみることができるようになり、間違った情報に躍らされることが少なくなります。こういう感覚は、マスメディアから「正しい情報が流れてくる」と信じていた世代よりも、ソーシャルメディアを使っている今の世代にこそ身に付けて欲しいですね。

勝手に「入ってくる」情報が大事

池上　そもそも、私も偉そうにこんな話をしていますが、自分にしたところで十分なメディア・リテラシーを持って、情報とうまく付き合っているとは思えない。いつも試行錯誤の途中ですし、もっと言えば、失敗ばかりです。

津田　そうですね。僕も自分が完璧なメディア・リテラシーを持っているとは思っていません。間違いの連続ですね。

池上　ですから、「こうすれば情報とうまく付き合える力を身に付けることができる」といった確固たる答えは多分ない。それぞれが自分なりの答えを探していくことこそが大事なんですよ。あえてこの本の読者にアドバイスをするとすれば、さまざまな情報と、とにかく付き合ってみましょうということです。

How to interpret
TV,
Newspapers
and
the Internet

自分が賛成するような意見だけではなくて、自分が読んでいて不愉快な意見とか、自分の考え方とは違う意見にも接してみる。そこで初めて、自分なりの考え方ができてくる。

例えば、福島の原発事故を受けて、「放射能はとても危険だ」と思っている人がネットで放射能について調べたとします。そうすると、いくらでも「放射能は危険です」という話が出てくる。そこでつい「ほら、やはり放射能はとても危険なんだ。自分の感覚は正しかった」と思って満足し、それ以上調べるのをやめてしまうものです。ただ、そこであえて、「いや、放射能の危険性はたいしたことないよ。騒ぎすぎだよ」と考えている人の意見も調べてみる。すると、これまた山のように情報が集まります。この両方の情報に接することが大事な体験なんです。

津田さんが著書の中で「誤配」の重要性を説いていましたが、同じことですね。自分の考えとはまったく違う考えと接する、もっと言えば、自分では想像もつかないような「違う視点」と接する。これは大事なことです。自分が調べたいことだけ能動的に調べていくというのではなくて、勝手に入ってくる情報が大事なんです。それを、津田さんは「誤配」と呼び、私は「ノイズ」と言っているわけですけれども。

津田　「ノイズ」「誤配」の話で言うと、ニコニコ生放送はやはり面白いんです。自分で放送をしていると、リアルタイムで視聴者からのコメントが流れてくるわけですが、たいていのコメントは取るに足らないひどいものばかりです（笑）。でも、中には「そんな視点があったのか」みたいな鋭いツッコミが入ることもある。一つの話をしていて、自分と近い意見、自分とまったく反対の意見、まるで考えもしなかった意見……などなどを見ながら番組を進めることができるのは、しゃべる側の人間にとっては画期的なシステムだと思います。

池上　私が新聞を今でも薦めている理由は、実はここにあるんです。新聞のレイアウトだと、自分が読みたい記事を探しているうちに、その横に、全然違う話がどうしても目に入ってくる。それが面白い。自分の知りたかった情報とは別に「へえ、そんなことがあるのか」と学べる確率が高いからこそ、私は新聞を毎日開くことにしているんです。

津田　それは、すべてネットで買える時代になっているのに、わざわざ本屋へ行くのも同じですよね。目的の本の隣に、面白そうな本を見つけて、つい一緒に買ってしまう。そして、目的の本よりも、その偶然買った本から重要な情報を得たりする。つまり、僕らはつい分かったつもりになって「この情報を得るためには、ここにアクセスすればいい」とか語ってしまうわけですが、そもそもそれが間違いなんですよね。

Point

池上　そうです。「これが正しい情報だ」なんて、最初からすぐに分かる人なんていないんです。「正しい情報」と「間違った情報」を瞬時に切り分ける能力ではなくて、「実は分かっていないんじゃないか」という恐れを持つこと。それが、メディア・リテラシーなんだと思います。

【注】解説

【注1】アラブの春

2010年12月末から2011年にかけて起きた中東の民主化運動。きっかけはチュニジアで起きた反政府デモ（ジャスミン革命）。ツイッターやフェイスブック、衛星テレビなどを通じて北アフリカの各国にまで急速に拡大。チュニジア、エジプト、リビア、イエメンの四ヵ国で長期政権が交代した。

【注2】オキュパイ・ウォール・ストリート

2011年9月17日、リーマン・ショック以降の深刻な雇用状況の悪化と経済格差を背景にアメリカのニューヨークで起きた抗議デモ活動。「Occupy Wall Street（ウォール街を占拠せよ）」を合言葉にウォール街近くの公園で約2ヵ月間、1000人規模の座り込みが行われた。

【注3】アル・ジャジーラ（1996年～）

カタールを本拠点とし、65ヵ所の海外拠点を持つ非営利の衛星テレビ局。もともと中東報道の草分け的存在であったが、各国政府によって厳しく情報統制が行われる中で「アラブの春」の民主化運動を積極的に報じた。

http://www.aljazeera.net/portal

【注4】ジョージ・ソロス（1930年～）

ハンガリー系・ユダヤ系アメリカ人の投資家、ヘッジファンドマネージャー。自由主義的な政治運動家としても知られ、東ヨーロッパ各国の民主化運動に対して資金援助を行ったとされる。

【注5】メガアップロード（2005年～2012年）

香港の実業家キム・ドットコムが提供していたオンラインストレージサイト。サイトが音楽や映像などの違法ダウンロードを仲介しているとしてアメリカ政府が訴訟を起こし、2012年1月に閉鎖された。

【注6】ウィキリークス（2006年～）

オーストラリアのジャーナリスト、ジュリアン・アサンジが2006年に設立したウェブサイト。匿名の投稿システムを利用して政府や企業からの内部告発を促し、機密情報を集めて公開することを目的としている。2010年から11年にかけてアメリカの機密文書や外交公電を大量に公表しその存在を世界に知らしめた。

http://wikileaks.org/

【注】解説

【注7】DNS
「Domain Name System」（ドメイン・ネーム・システム）の略称。IPアドレスとホスト名、ドメイン名を相互に一致させて管理するためのシステム。

【注8】『四畳半襖の下張』
1940年代に広まった、永井荷風作と伝えられる官能小説。1972年に同作品を掲載した月刊誌『面白半分』の編集長、野坂昭如氏らは猥褻書を販売したとして起訴された。

【注9】東京都青少年の健全な育成に関する条例
2010年2月に青少年に悪影響を及ぼすと判断された〝不健全な作品〟（漫画やアニメ、ゲーム、映画など）の販売や興行を規制する改正案が東京都に提出された。この改正案が表現の自由を奪い文化を衰退させるとして反対派により署名活動などが行われたが、2010年12月に可決された。

【注10】SOPA
2011年10月にアメリカの共和党員・下院司法委員会議長のラマー・スミスらが提案した、オンライン海賊行為防止法案「Stop Online Piracy Act」の略称。インターネット上の表現や活動をせばめるとして反対派の企業やネットユーザーらから激しい反発を受け、2012年1月に事実上の廃案となった。

【注11】中国のインターネットでは、「民主」や「法輪功」といったキーワードで検索しても、ものの見事にサイトにつながらない
中国政府は検閲ソフトと人力によってつねに国内のウェブサーバーの接続に規制をかけているため、政府に都合の悪い情報にはアクセスできない仕組みになっている。

【注12】微博（2009年〜）
2009年8月に中国・新浪公司が開始した中国最大のソーシャルネットワーキングサービス。実名登録制。ツイッターとフェイスブック、両者の要素を併せ持つと言われる。
http://weibo.com/

【注13】メディア・リテラシー
一般に、主体的に情報媒体（メディア）を読み解き、使いこなす能力を指す。日本の総務省のウェブサイトでは次

のように定義されている。

「1…メディアを主体的に読み解く能力。2…メディアにアクセスし、活用する能力。3…メディアを通じコミュニケーションする能力。特に、情報の読み手との相互作用的（インタラクティブ）コミュニケーション能力」

【注14】フツ族によるツチ族の大虐殺

アフリカのルワンダで起きた、大規模な虐殺事件。1994年4月のフツ族大統領の死亡事故をきっかけに、各地で多数派のフツ族が少数派のツチ族を襲撃。虐殺は7月まで続き、犠牲者は80～100万人にのぼった。のちに国内の独立系ラジオ局がツチ族に対する差別的内容（いわゆるヘイトスピーチ）を繰り返し放送していたことが分かった。

【注15】関東大震災の混乱時に起きた虐殺

1923年9月1日に関東大震災が起きた直後に「朝鮮人が暴徒化している」などの噂が流れ、各地で結成された自警団により多くの人が殺害された。

メディアの仕組みを知るための5冊〈津田大介〉編

濱野智史
『アーキテクチャの生態系』
NTT出版

2ちゃんねるやニコニコ動画といった日本特有のネット文化を精緻に分析。ネットがどのような力学で動いているか学べる。

小林弘人
『新世紀メディア論』
バジリコ

メディアコンサルで有名な著者のマス／ネットメディア論。旧メディアが生き残るためには何をすればいいかよく分かる。

ジェフ・ジャービス
『パブリック』
NHK出版

抱えている情報をパブリックにすることでどんな価値が生まれるのか解説。情報コントロールという視点で読んでも面白い。

牧野 洋
『官報複合体』
講談社

日経新聞で編集委員を務めた著者が日本の新聞テレビ報道の問題点を鋭く指摘。ジャーナリズムの日米比較も参考になる。

ビクター・マイヤー＝ショーンベルガー、ケネス・クキエ
『ビッグデータの正体』
講談社

「情報の産業革命」と言われる「ビッグデータ」の本質を豊富な事例から解説。情報やメディアの見方を大きく変える一冊。

第四章

「伝える」ことで、情報はインプットできる

自分の意見を言うな!?

津田　テレビでも書籍でも、池上さんのニュース解説はとても人気があります。多くの視聴者や読者の方は、「池上さんの真骨頂は分かりやすさだ」と考えていると思います。僕個人が池上さんの本やテレビを見ていてすごいなと思うのは、伝えたい情報の分析をした上で、重み付けを行い、強弱を付けて伝える工夫をされているところですね。池上さんのジャーナリストとしての技術がすごいことは誰もが認めると思うのですが、僕は今日、もう一歩踏み込んだお話を伺いたいんです。

池上さんはニュースの解説をするとき、池上さん個人の価値判断や意見は、あえて徹底的に伝えないようにしていますよね。使える時間や使える紙幅のすべてを使って、ひたすら問題の噛み砕きをするスタイルとも言えます。池上さんはこのようなスタイルを自ら望んで採用しているのでしょうか。それともプロデューサーや編集者から頼まれて行っているのでしょうか。

池上　これは新聞社でも同じですが、ＮＨＫに入社するとまず、ニュース原稿に「自分の意見を盛り込んではいけない」「客観報道に徹しなければいけない」と叩き込まれます。ひたすら、自分を殺して、客観的に伝えればいい。視聴者が判断できる「材料」を提供するのが我々の仕事である。どこかのキャスターのように偉そうに「これは、けしからんですよね！　こうしなきゃいけないですよね！」なんてコメントするな、と。

もちろん実際にニュースを解説してみると、やはり自分の感情や思いがある。少なくとも、「これをニュースで伝えよう」という個人の感情はある。でも、コトの善悪を判断するのはあくまで視聴者であって、報道機関としては、視聴者に判断する材料を提供すればいいということを、徹底的に叩き込まれたんですね。

私は別に民放に出演したいがために、ＮＨＫを辞めたわけではありませんが、辞めてみたら「コメンテーターとして出てもらえませんか？」と声がかかりました。すると番組内で必ず聞かれるんですよね。「池上さんはどう思われますか？」と。私としてはものすごく戸惑いました。これまで三二年間の職業生活で「自分の意見は言うな」と徹底的に叩き込まれただけに、「あなたの意見は何ですか？」と聞かれると、「うっ……」と詰まったわけです。

今ではそういう質問を振られたからといって困ることはなくなりました。でも、根底にある精神は変わっていません。「私のような別にたいしたことのない人間が自分の意見を言ったところで何になるんだ」という思いがある。もっと言えば、「自分が何らかの意見を主張することで、世の中を動かそう」という考えを持つこと自体が、ものすごく不遜《ふそん》な態度だなとも思っているんです。

そもそも民主主義社会というのは、カリスマ的なリーダーなど、誰か一人の「こうするべきだ、ああするべきだ」という意見に引っ張られて世の中が変わっていくというものではありません。国民一人一人がそれぞれの判断をする。その中で、世の中が少しずつ変わっていくという統治形態です。ですから、私としては、自分のやるべきことは、「私はこう思う」と伝えることではなくて、多くの人が自分の主張をまとめる手伝いをすることだと思ったんです。いろいろな人の意見を整理したり、どこに問題点があるのかを示したり。よほど自分が興味を持っている分野のこと以外では、「そもそもこのニュースのポイントはどこなのか」が分からないまま、情報だけを目にして、なんとなく「賛成だ、反対だ」と言っている人が多いと思うんです。でも、「そもそも、ここで問題になっていることは何か」をみんなに分かってもらって、その上で、「自分はこう思う」と判断してもらう。それが私のできる「世の中への貢献」ではないかと考えています。もし、それで結果的に世の中が良くなれば、私はとても嬉しいですね。まあ、こういうことを実践している人が世の中にあまりいないので、「ニッチ（隙間産業）として食えていけるんじゃないか」と思ったところもありますが（笑）。

津田　『伝える力2』【注1】にも書かれていましたが、例えば、原発報道に関して言うと、一般の市民の人たちが何をもってもっとも不安になるのかというと、「分からない」ということに対してなんですよね。だから実は、世の中を変える以前に、国民が気持ちよく暮らしていくためには、「今、何が起きているのか」が世間の人に伝わるような情報環境にしないといけない。そのために「論点の整理」は、すごく重要なものだと思うんです。

二〇一二年には、TPP【注2】に日本は参加すべきかどうか、という問題が話題になりました。ただ、この問題はそんなに単純ではありません。TPPには二一の分野、二四の項目があって、それぞれ日本にとって参加するメリットが大きい分野もあれば、参加するデメリットが大きい分野もある。本来であれば、その二四項目すべてにおいて、ある程度のレベルまで、国民が論点を理解した上で、「じゃあ、TPPに参加することは、トータルで見て日本にとってメリットが大きいのか、デメリットが大きいのか」を議論しなければいけない。

このTPPに関する取材をしながら僕がずっと考えていたのは、「もし池上さんが二四人いて、二四項目すべてを三時間ずつくらい連日特番でポイントを解説してくれたら、日本で起きている議論のレベルがまるで違ったものになるのに」ということでした。そういう意味で、「議論の論点」を解説できる人が足りていないのは、間違いないでしょうね。

ジャーナリストに期待されていること

How to interpret TV, Newspapers and the Internet

津田　僕がここ数年ずっと考えていることは、「ジャーナリストはどんな仕事を期待されているのか」ということです。

はたして、ジャーナリストは、客観・中立・公正を旨《むね》として、情報をとにかく分かりやすく噛み砕いて伝えるだけでいいのか。ジャーナリストであれば、多かれ少なかれ伝えたことによって、人々に動いてもらいたいという気持ちはありますよね。さきほどおっしゃっていたように、池上さんの情報発信も、最終的には「みなさんに考えてもらいたい」という思いがモチベーションになっている。

意地悪な質問になってしまうかもしれませんが、池上さんには「事実を提示すれば、分かるよね？」という思いがあったりするのかなと。直接的に価値判断はしないし、池上さんの意見は伝えないけれども、「事実はこうなっています。答えはおのずとあきらかじゃないですか？」というような……。

池上 ああ、それはあるかもしれません。ただ、言外に自分の価値判断を込めた解説をしたとしても、「でも、反対の考え方もあります」「まったく別の考え方もあります」というのは、一緒に提示しなければいけないとは考えています。

よく「事実とは何か」「真実とは何か」という話がありますが、「真実が何か」ということは、人間には分からないんだろうと私は考えています。

Point

「真実」は分からない。でも、世の中にはさまざまな「事実」がある。「事実」の総体としてどこかに「真実」があるのかもしれないけれど、人間にはそれがどこにあるかは分からない。でも、どうも自分なりに集めた「事実」を指して、「真実だ」と言っている人が多い気がします。

私は、「真実を伝える」という言葉は嫌いです。私にはそんなことはできないと思っています。ただ、事実を伝えることはできる。でも、どの事実を選ぶかによって、そこで描かれるものは違ってきます。どうしても自分の主観は入ってきます。自分の主張にとって都合の良い論拠となる事実だけを集めてくることは難しくない。それが、とても怖いと思っています。

自分は「歪んだことをしているんじゃないか」という恐れをいつも持っているんです。さらに多くのいろいろな事実を知れば、「これまで描いてきたものとは、また違う風景が見えるかもしれない」と。

視聴者が一番知りたいことは何か

How to interpret TV, Newspapers and the Internet

津田　池上さんは、テレビで司会をつとめるときや、誰かに取材をするときに、あえて「分からないふり」をしたりすることはありますか。

池上　ええ、あります。「分からないふりをする」ということを言い換えれば、「素朴な疑問をぶつけてみる」ということですよね。本質を突くための質問は分からないふりをして聞く、ということはよくあります。

Point

津田　池上さんは、どのような方法で「問題の本質がどこにあるのか」を探し出しているんですか。

池上　まず視聴者は何を一番知りたいのか、何に疑問を持っているのか、ということをひたすら考えます。二〇一二年の総選挙特番のときは、生放送の開始直前にスタッフとブレインストーミングして、「この党には何を聞いてみようか?」ということを数分で考えたんです。

例えば、「社民党と共産党は、最近言っていることが同じじゃないですか。どうせなら一緒になったらどうですか?」という質問を、党首(当時)の福島瑞穂《みずほ》【注3】さんと志位《しい》和夫【注4】さんにしました。もちろん私は社民党と共産党が、結党の理念からしてまったく違う党ということは分かっています。たまたま今は公約が一致しているだけです。でもそこをあえて、「一緒になったらどうですか?」と聞く。まさに「知らないふり」をして質問するわけです。

実際、「どうせなら一緒になったらどうですか?」と志位委員長に聞いたら、「いやいや、政策課題で共通する点においては一緒にやっています」とお返事をもらいました。私はそう言われて「ああ、これはまさに共産党の伝統的な統一戦線方式【注5】だなあ」と、ふっと思いついた(笑)。でも、それは視聴者に言ってもピンとこないだろうから、それは発言しませんでした。

また、福島瑞穂さんに対しては、「自分は安全地帯の参議院議員にいて、衆議院の選挙の指揮を執っているのはズルいんじゃないかという見方もありますが、どう思われますか?」という質問をしました。これはやはり「衆議院議員として戦うべきだ」と思っている人がたくさんいるはずだと思ったから聞いたのです。

津田　なるほど、視聴者目線がポイントなんですね。同じような疑問を感じている人がたくさんいるだろう、という質問を考えることが、「良い質問」をするための一つの目安になるし、それを聞くことが物事の本質に近づくコツなのかもしれませんね。

早く私の出番がなくなる世の中になって欲しい

津田　池上さんは日本国内の政治・経済・社会問題だけでなく、世界各国の情勢や宗教など、取り上げるテーマがとても幅広いわけですが、池上さんの中で特に熱が入るテーマはありますか。時間には限りがあるので、すべての問題を追いかけることはできませんよね。すでにある程度選択されているのだとは思いますが、その選択をした理由や、自分の中で「これはちゃんと学んで、調べて、伝えよう」と、「引っかかるもの」に法則性はありますか。

池上　法則性のようなものはありませんが、今まで自分が行ってきた、あるいは、これから携わりたいというジャンルで言えば、やはり「今の世の中のこと」を、一人でも多くの方に伝えたいですね。

「今の世の中はどうなっているのか？」を読み解くために、政治の仕組みを解説することもあれば、経済の仕組みを解説することもある。あるいは「現代史」という言い方で括ることもできるかもしれません。

「今の世の中」の仕組みを知るのにとても効果的なのは、少し前の時代のことを知ることです。

例えば、二〇〇八年のリーマン・ショックが起きたときに、「一〇〇年に一度の世界の大危機」と言われました。そのときに、「まさに約一〇〇年前にも『世界恐慌』と呼ばれることが起きたんだよ。一九二九年の十月二十八日、通称『ブラック・マンデー』にニューヨーク市場で株が暴落した。それが世界的な恐慌に広がって、最終的には戦争にまで発展していった」ということを解説するわけです。そして、「恐慌というのはどこかで株が暴落したからといって、すぐに世界的な不況になるわけではない。一九二九年のときも、ニューヨーク市場での株の暴落を受けて、そのあとの対応に誤りがあったからこそ、取り返しがつかない状況にまで追い込まれた。当時、どのような失敗をしたのかを学べば、現代における恐慌を切り抜けるヒントがあるかもしれない」といった話をする。

私自身がついつい、そういうふうに物事を考えてしまうんです。そして、それが「わかりやすい説明法」にもつながって、一つの仕事として成立してきたのかなと思っています。

津田　池上さんは先ほど、自分のスタイルを「ニッチ」とおっしゃいました。同業者——特に若い人で「この人、自分と似たようなスタンスでジャーナリストをしているんじゃないか」「こいつは期待が持てるんじゃないか」という人は、誰かいますか。

池上　すみません。私と同じようなスタンスを取ろうとしている人は、私の知る限りいないと思います。「自分の意見」を言っている、あるいは言おうとしている方が多いですね。もちろん、それはそれで良いわけです。私とは別の仕事のスタイルというだけの話です。ですから、今のところはまだ私としてもこの仕事を続けていけるのかなと思っています。

津田　唯一無二な存在ですね。それで各メディアから引っ張りだこになっていると。

池上　早く私の出番がなくなる世の中になって欲しいですね。

津田大介は「ネットの池上彰」を目指している⁉

池上　津田さんは独自の政治メディアを立ち上げようとされていますね。具体的には、どのようなスタンスのメディアにするつもりですか。

津田　まさに池上さんがされているようなことを、ネット上でやりたいんです。ネットで語られている政策上のさまざまな論点を洗い出して、「こんな意見がありますす。あなたはどう思いますか。あなたであればどんな選択するのかを考えてください」と、論点を明確にした上で問いかけていくような、そんなメディアにしたい。さらに、ただ考えるだけでなくて、例えば「この政策に反対したい人は、この議員に電話しましょう」「この政治活動に賛成したい人は、ここにお金を振り込むと、まじめに活動している団体に行きますよ」といったように、実際の活動への道筋をつけるかたちにしたいんです。

テレビや新聞などのマスメディアは、どうしても一方通行なので、「解説」で終わってしまいます。テレビを見たり新聞を読んで、憤ったりもしくは感動したりしても、それだけで終わってしまう。そこを「行動」にまでつなげる仕組みを作りたい。ネットメディアの可能性はそこにあると考えています。

池上　なるほど。分かりやすく説明してしまえば、「ネットの池上彰」を目指そうという話ですね。

津田　あはは。いや、池上さんの足元にも及ばないですけれど（笑）。

池上　津田さんの問題意識は非常によく分かります。第一章、第二章でも話が出ましたが、マスメディアは、どうしても「政策」の報道ではなくて「政局」の報道ばかりになりますし、それぞれの視聴者の問題意識を反映させることは難しいですから。

津田　そうですよね。とにかく「どの議員が小沢一郎詣《もうで》をした」といったような、どうでもいい報道内容を何とかしたい。それから、国民の一人ひとりの判断を、実際の政治活動に結び付けていくということでは、政治家の活動や政治活動家の方の活躍などを、しっかりと伝えることが重要だと思うんです。「なるほど、この人はこんなことをしているんだ。それによって世の中にこんな影響を及ぼしたんだ」というようなことが見えてくれば、「その人を応援しよう」「自分も参加したい」と考える人が必ず出てくるはずです。例えば、被災直後にボランティアをした人たちに対して「今の石巻の人たちにはこんなことが起きている」といった「今のこと」が伝われば、自分が行動したことに対して「やってよかったな」とか「もう一度行こうかな」とか「もしまた何かあったらこんな工夫をしよう」とか、あらためて「自分ごと」として捉え直す機会になると思うんですよ。自分の行動に対する「反応」をリアルタイムで見えるようにして、人が行動する動機を作りたいんです。

今、若い年代層が政治に対して無関心になっている原因の一つには、「どうせ俺たちが投票に行っても何も変わらないんだよ」という「諦め」のような気分がある。でも、実際には違う。投票には少なからずの意味があるし、そもそも政治は投票に行かなくても変わる。だから、自分が行動したことによって「あ、自分の行動でこの人たちがこんなに助かったんだ」みたいなことが分かりやすく見える仕組みを作りたい。

かつ、「こういう手段を通せば、ワンクリックで手伝うこともできるんだよ」といった活動をあと押しする情報提供もしていきたいですね。

池上　それは期待しています。私から見ると、政局を報道するにしても、その裏側をしっかり報道することが重要だと思うんです。例えば、小沢詣の話で言えば、「民主党の中で消費税の増税に反対する勢力が集会を開いた」とか「小沢がある政治家に声をかけた」とかいった話に終始しています。そうではなくて、〇〇という政治家はどういう理屈で消費税の増税に反対しているのか、〇〇という政治家と小沢派はその他の政策においては、どのくらい意見が合致しているのかという解説がありません。

そうしたことが分かると、「どの政治家を応援すればいいのか」が見えてくると思うんです。この人は、ただ単に次の選挙で勝ちたいがために、消費税増税に反対しているだけなのか。あるいは、デフレの時代において、消費税増税は日本経済のためにならないというきちんとした理屈を持って反対しているのか。もっと言えば、対案を持って反対しているのか、ただ反対しているだけなのかが分かります。

津田　そうなんですよ。別に消費税賛成でも反対でもいいんです。でも、なぜ反対なのか。社会保障の充実などが求められている一方で、国の赤字はどうすればいいと考えているのか。そこまで伝えられて初めて意味のある報道になる。

もちろん、ネットを使えばすべてがうまくいくとは思っていません。でも、「アラブの春」が起きたように、「きっかけ」くらいは作れるんじゃないかと。ネットで「本当に求められている政治報道はこんな感じなんだ」という「空気」を作り、それをマスメディアにパクってもらって、日本の政治が少しでも変わればいいなと思っています。

「空気」はしょせん「空気」だという意見もあると思いますが、僕は侮《あなど》ってはいけないと思っています。なぜかといえば、人間はどこまでいっても「感情の生き物」です。「もう何をしても政治はダメだ」という空気を変えていかないと、どんなに能力のある政治家が出てきても、潰されて終わる。そうすると政治家の質にしても、報道の質にしてもどんどん下がっていってしまう。ネットをうまく使えばこの「空気」を変えられるんじゃないかと。理想主義的な話ですが……。

インプットとアウトプット

Point

池上　世の中を変えるのは、最終的に人間です。情報そのものが世界を変えるわけではありません。だから、その情報でどれだけ人が動かされるかが重要なんですね。
津田さんのおっしゃるように、「どうせ変わらない」という「空気」が充満してい

How to interpret TV, Newspapers and the Internet

れば、それは厳しいですね。ただ一方で、もっと情報のインプットとアウトプットには工夫がなされるべきだとは思います。

よく「どのようにして情報を集めているんですか？」と聞かれるのですが、これはアウトプットをするようになると見えてくるものでもあります。実は私自身も、アウトプットをするようになって、具体的には「週刊こどもニュース」を担当して初めて、インプットがスムーズになったという思いがあります。

とにかく、小学校高学年の子どもにもニュースを分かってもらえなければいけない。そのためには、「どのような伝え方をすればいいのだろうか？」という問題意識につながります。その上で、「この話を入り口に持ってきたらどうか」「あの話と組み合わせたらどうか」とさまざまなことを調べ始めます。そこで初めて「あっ、インプットというのは、こうするんだ」と分かった気がしたんです。

最初から、何の目的意識もなく、ひたすら勉強してインプットしているだけだと、どうして良いか分からなくなります。

津田　池上さんは社会部の記者時代に、ニュース原稿を書いていて、それが現実に「報道」になっていったわけですけど、それは「アウトプット」ではなかったんでしょうか。

池上　もちろんアウトプットです。けれども、その時代はとにかく取材したことをそのまま記事にしていただけでした。自分の知ったことを小学生にも分かるように伝えようといった問題意識はまったく持っていなかったんです。

津田　「生煮え」のまま伝えてしまっていたということでしょうか。

池上　いえ、「生煮え」ではないですね。民放や新聞社がまだ摑んでいないネタ、つまりは特ダネを書くことをひたすら考えていましたから。民放や新聞社が大慌てをして、私の書いた記事を追いかけてくるのを見るのが快感だったわけです。相当、性格が悪かったと思いますね（笑）。でも、それを続けていても、自分のインプットが洗練されていくような印象はありませんでした。そこには、自分の知ったことを「伝える」という意識が足りなかったからだと思うんです。

津田　著書の『伝える力』【注6】の中に、「子どもは、自分たちがまったく気付かないような視点からの疑問を投げかけてくる。それが自分の中での新しい『気付き』になる」といったことが書かれていましたね。

池上　それについては本当に愕然《がくぜん》としました。これまで自分は何をしていたんだろう、と。ただただ独りよがりに「これでみんな分かるだろう」と思い込んでいただけなんです。「伝えた」つもりになって良い気になっていただけで、何も伝わっていなかったんだなと分かったのは、ショックでした。

津田　「豊後《ぶんご》水道は、水道がないのにどうして『水道』って言うの？」【注7】という小学生の質問が紹介されていましたが、こういうことも調べてみると、意外な事実がどんどん発覚していくものですよね。そしてそれこそがジャーナリストの原点だったりもする。それが、池上さんのおっしゃる「アウトプットがインプットを洗練させる」ということでしょうか。

池上　そうですね。本気で「伝えよう」とするアウトプットは、やはりインプットのモチベーションになるわけです。何か伝えたいことがある方は、ぜひ相手にそれを伝えてみると良いと思います。実際に伝えてみようとすると、きっとうまくいか

ない。そこで、「どうして上手くいかないんだろう?」と考える。必要だと思えば、さらに周辺情報を調べていく。たぶんこれが重要なんだと思います。

その意味で、具体的に伝える相手が目の前にいるかどうかは大事な要素です。もし、現実に目の前にいなかったとしても、それをイメージできるかどうか。私の場合は、幸いなことに目の前に番組出演者の小学生たちがいた。その子たちが「分からない」と言ったら、それはダメなわけだから、分かるようにするにはどうしたらいいだろうと考えた。あらゆるジャーナリストの前にそういう人がいればいいわけですけれど、普通はいません。その場合は、バーチャルな存在を作っていく。

私の場合も、十一年間、「週刊こどもニュース」で徹底的に鍛えられたことによって、今では、何かを伝えようとすると、頭の中にもう一人の自分が出てきて、「そんな言い方じゃあ、小学生に分かんないよ」とツッコミを入れてくれるんです。だから、「おっと、これじゃあダメだよね。じゃあ、どういう言い方にしようか」と常に考える。身近なところで言えば、お爺ちゃんやお婆ちゃんに話すとしたら、この話をどうやって伝えようと考えるといいのではないでしょうか。

例えば、若い人であれば、それこそ「ニコニコ動画」を、ネットを使ったことのない田舎のお爺ちゃんやお婆ちゃんに、どうやって説明すればいいんだろうと考えてみる。それは、すでに分かったつもりになっている「ニコニコ動画とは何か」をあらためて考えることになるきっかけになりますから、とても意味があることなんです。

津田 実家でたまたま両親と一緒にテレビを見ているときに、「小沢一郎さんが『ニコニコ生放送』で会見していました」というニュースが流れた。そのときに両親から「ねえ、『ニコニコ』って何なの?」って聞かれたと仮定して、分かりやすく説明して納得してもらえるかイメージしてみる——確かにそれは、いい訓練になりますね。

池上 そのときに、「ああ、それはインターネットの動画サービスで、見ている人がいろいろと書き込みができるんだよ」という説明だけでは、伝わらないんですよ。「ニコニコ動画」とは、どういう影響力を持っていて、どのような経緯で小沢さんのような政治家が利用するようになっているのかといったことまで分かっていないと、一言でお爺ちゃんやお婆ちゃんに説明できない。そこで「あっ、自分のインプットは不十分だったな」と気が付くはずです。それから、「知ったつもりになっていたけど知らなかったこと」を調べていく。これをすると、インプットが非常に効率的になっていくわけです。

津田　なるほど。アウトプットをする過程でどうすれば伝わりやすくなるかを真剣に考えれば、「適切なアウトプットを行うにはこの情報を調べてインプットしなければならない」ということが先に確定するわけですね。まずアウトプットしようとすることで「足りない情報」が分かる。あとはそれを探していけばいい。確かに、その方法を使えばよりインプットとアウトプットが結び付きやすくなっていく気がします。

池上　卒業論文を書かなければならない大学生が「書けない、書けない」と困っているときに、よく先生が「何でも良いから、まずは書き出してごらん」とアドバイスをすることがあります。これはつまり、ひたすらインプットして、頭の中で書くべきことを組み立てるというのは、あまり効率が良くない方法だということの証拠ですね。とにかく書き始めてみると、「あっ、自分にはこれが足りない」ということが次々と湧いてくるものです。最終的には、この方法のほうが完成度の高い論文ができあがりますし、書き上げるまでの時間も短いはずです。

日本社会の特性を織り込んで発信する

津田　もう一つ、『伝える力』の中で印象的だったのは、本の最初のほうで、かなりのページを割いて「日本には『けしからん罪』がある」という話を書いていたことなんです。村上ファンドの村上世彰《よしあき》さんが逮捕されたときの問答を引いて、「要するに言い方が問題だった」とされています。日本は、あまり苦労もせずに儲けてしまうような人に対する嫉妬が強い社会であるといったことを、かなり強く言い切るかたちで書かれていたことに驚きました。

「日本で、情報を伝え、共感を呼ぼうとするならば、空気を読んだ上で言い方に気をつけて情報を伝える必要がある。何かを発信したい人は、そのことを織り込んで発信しないと大きなしっぺ返しを食らうよ」——それが池上さんが日本人に伝えたかったことなんじゃないかと僕は勝手に解釈しています。この項目は『伝える力』の前半の重要なポイントだったんじゃないかと。

池上　そうですね。当時は、ネットを利用して、多くの若者たちが新しい企業を次々に立ち上げていきました。それで、堀江貴文さんのライブドア事件があったときに、東京地検特捜部が「このような濡れ手で粟のビジネスは許せない」「額に汗した人たちがバカを見るような社会は許せない」といった発言をしていたのですが、私としては「おいおい、それは東京地検が考えることじゃないよ。それは政治家が考えることだ」という思いがありました。

彼ら若者たちも、いろいろと行き過ぎた部分があったのかもしれない。年配の人が気に障るようなふてぶてしい態度でいたのかもしれない。でも、それだけで東京地検ににらまれるのはおかしな気がします。

ただ、もし私が何かを伝えようとするならば、そうした態度を取ると「けしからん」と思われてしまうんだということを前提にした上で、何かを語ることになるでしょう。それは社会の空気に「流される」ということではありません。社会の空気に逆らうにも、その「空気」の流れを読めていなければ、いざというときに、効果的な物言いができないということですね。

津田　ニコニコ動画の影響力という話が出ましたが、池上さんはご自身の「影響力」について、意識されていますか。

池上　私が書いた本が売れたということは、「情報に価値が発生した」ということですよね。それは素直に嬉しいと思います。

津田　『伝える力』は一九五万部の大ベストセラーになったわけですが、そのことによって池上さんの意識は変わりましたか。

池上　何にも変わりません。

津田　それはどうしてですか。

池上　自分は変わっていませんから。ここにいる自分は同じです。今も昔も。自分の書いた本が売れても変わりません。

津田　本が売れたことで自分の話を聞いてもらいやすくなりましたよね。そうするとアウトプットがやりやすくなったようにも見えるんですが……。

池上　いや、特にアウトプットがしやすくなったわけではありませんし、とにかく生活しにくくなりました。街を歩きにくい。先日も、花粉症ですからマスクをして、本屋さんで本を探していたんですよ。それでも横にスゥーっと来て、「あの、ちょっといいでしょうか？」と話しかけてくる人がいました。それで、「なんですか？」と聞くと、「僕、今転職活動をしているんですが、どうやって情報を集めたらいいでしょうか？」と。最近はあちこちで人生相談を受けますね。

タクシーに乗ると、タクシーの運転手さんのいろんな質問に、ひたすら解説し続けます。タクシーでは逃げ場がありませんから、車に乗っている間、解説し続けるしかない。そして降りるときには、こちらが料金を払うわけです（笑）。

津田　なるほど。それは災難ですね（笑）。池上さんが、それでも情報を発信し続ける、そのモチベーションはどこから来ているのでしょうか。

池上　誰だって珍しい話を仕入れれば、「ねえねえ、こんな話があるんだけど、知ってる？」と言いたくなりますよね。たまたま私の場合は、それをテレビや書籍を通してやらせてもらっているだけで、本質的な欲望は変わらないんです。

もちろん「こんな話があるんだ」ということをそのまま伝えるだけではなくて、「みんな、この話は難しくて分からないと思っていたでしょ？　でも実はこうなんだよ」というところに快楽を感じているところもあります。分かりやすく説明する方法を思いつくと、嬉しくなって、みんなに伝えたくなる。

例えば「ＡＩＪ投資顧問が顧客の年金資産をなくしてしまった」というニュースであれば、「厚生年金基金の代行部分」についての分かりやすい説明の仕方に気付くと、「厚生年金基金の代行部分って知ってますか？」とつい解説したくなってしまうんです。そういう意味では、ただの「おせっかい」というか、「教えたがり」なだけだと思いますよ。

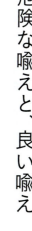

危険な喩《たと》えと、良い喩え

津田　池上さんと言えば、比喩を使って物事を解説するのがものすごく上手、というイメージがあります。ただ、「つまりこれはこういうことですね」と喩える方法は、人々にものすごく分かりやすく情報が伝わる反面、細かいニュアンスが抜け落ちたり、ときには誤解を招くこともあるということで、批判にさらされやすい手法でもあります。喩え話をするときに、気をつけていることはありますか。

池上　「ある問題についてあまり知らないまま喩えで説明をする」というのはすごく危険なんです。本当によく理解して全体像が分かって初めて、「この問題は結局こういうことですよね」と喩えることができるんだと思います。

　例えば、東京外国語大学大学院の教授だった酒井啓子《けいこ》さん（現在は千葉大学教授）というイラク情勢に大変詳しい方がいます。酒井さんに、「週刊こどもニュース」に出演してもらったことがあるのですが、こちらが「えーっ」と驚くほどざっくりとした説明をするんです。それは余計な情報が混ざっていませんから、子どもにも分かりやすい。でも、必要不可欠な情報はすべて込められているんですね。実際私が「そんなにざっくりとした説明をしてもいいんですか?」と聞いたら、「いいんです」と自信満々で答えてくれました。彼女は、全部を知っているから大丈夫なんです。どの情報を端折《はしょ》ってもいいのかも分かっているわけです。

これがもし、大学生がある問題について少し調べた程度だと話が変わります。全体像が見えないままに、とにかく分かりやすく説明しようと情報を端折ると、おかしな偏りが出てしまったり、そもそも全体像を捉え違ってしまったりすることになる。だから、学部生を卒業して、大学院生になると、多くの真面目な学生は急にざっくりとは説明できなくなります。いろいろな情報を知るからです。それで一般の人がとても耳を傾けていられないほど、難しい説明をするんです。でも、さらにその道のことを良く勉強して、その分野の専門分野を極めた教授になると、急に分かりやすい説明ができるようになる。

「学部レベル」の人のざっくりとした説明は、危険です。「大学院生レベル」の人が原稿を書くと、「あれも書かなきゃいけない、これも書かなきゃいけない」というふうになって小難しくなってしまう。ベテランの教授になると、どこをそぎ落としていいのかが正確に分かるので、説明が分かりやすくなる。もちろん喩えも的確になる。私としては、そこを目指しているんです。

津田　では、「こういうことかな」と一度浮かんだ喩えも、「やはりちょっと違うかな」と思って落とすときもあるんですか。

池上　もちろんです。それに、面白いけれども正確性を欠くような喩えは、飲み会の席ではウケを取ったとしても、テレビでは言えないし、活字には書けませんね。

津田　例えば、テレビの生放送のようにリアルタイムで出演者とのやりとりがある番組で、とっさに喩えが浮かんで、それを発言するということはありますか。

池上　それはありますね。ゲストからの素朴な質問に触発されて、いい喩えを思い付く場合はいくらでもある。これも「この人に何とか説明しよう」と思うからこそ考え付くことで、テレビの場でなくても、そういう場面に自分を置くことは良いことですね。

津田　そういう意味では、人と会って話すというのは大事ですよね。

池上　ものすごく大事です。専門家と会って話すことももちろん大事ですが、「良い質問」「素朴な質問」をしてくれる人と会って話すのも大事なんです。

津田　その点、コメントが随時流れる仕組みになっているニコニコ生放送などは、常に「良い質問」が来る可能性があるわけですけど、僕と一緒に出演したニコニコ生放送はどんな印象でしたか。

池上　答えるのが難しい質問ばかりでしたね。「その質問に触発されてモノを考えさせられた」という点では、長い目で見ればいい質問だったと言えるでしょうね。

津田　では、テレビで出る「いい質問ですね！」という決めフレーズも、やっぱり「ジャーナリスト魂」が触発される質問のときに出ていたわけですか。

池上　いや、実は全然違うんです。当たり前ですが、テレビというのは、台本があります。収録前に、スタッフたちと打ち合わせをして、「こうやって、こういうふうに話を進めていきましょう」と決めている。ところが、出演しているタレントさんが、アドリブで次々と質問してくださるわけで、それに答えていくと、予定からどんどん離れていくわけです。それで、そろそろ話を戻したいなと思っているときに、まさに話を戻せる絶好の質問が来ると、「いい質問ですね！」となる（笑）。

津田　なるほど。自分にとって都合のいい質問ということですね。今、明かされた「いい質問ですね！」の秘密。そこには二つの意味が込められていたということですね。

池上　ただ、そればかりではなくて、「あなたがそういう質問してくれると、それに私が答えることでみんなにも分かってもらえるよね」「みんなが分からないことをあえて、みんなの代表として質問してくれたな」というときも、もちろん「いい質問ですね！」と言いますよ。

「黒池上」が本当の私です

津田 今、仕事に引っ張りダコになっていると思われる池上さんにとって、「実は一番やりたいこと」って何なんでしょうか。

池上 二〇一二年末の選挙の特番が放映されたあと、「黒池上」とか、「ニュースをやさしく解説してくれるお父さんのような人だと思っていたのに、牙を隠していたんですね」とか、言われたんです。

津田 視聴者からは、そう見えたでしょうね。

池上 「ニュースをやさしく解説するお父さんの姿」は、仮の姿です。「黒池上」のほうが、本当の私です（笑）。

How to interpret TV, Newspapers and the Internet

たまたま、取材してきたことや、インタビューしてきたことを、みんなに分かってもらわなければいけないから、一生懸命分かりやすくする工夫をしていた。それで、結果的に「ニュースをやさしく解説するお父さん」として知られるようになったかもしれませんが、ジャーナリストとしての私の本質は「黒池上」なんです。

おかしなことがあれば、「おかしい」と言いたい。自分で世の中を動かそうとは思わないけれども、少なくとも「隠されていること」「みんなの目に入っていないこと」については、しっかり伝えることによって、世の中が正しいほうに動くことを願っているんですね。

津田　僕から見ると、池上さんはNHKに残っていても、出世コースに乗れていたと思うのですが、なぜNHKを辞められたんですか。

池上　それは「本を書きたかったから」です。最初はNHKにいながら本を書いていたのですが、だんだん二足のわらじがきつくなってきた。深夜に原稿を書いていて「ああ、もうちょっとで書きあがる」と佳境に入ったところで、「でも、明日の仕事があるからもう寝なくちゃいけない」ということが続くと、この働き方には限界があるな、と思いましたね。

「自分はＮＨＫの仕事と本を書くことと、どっちをやりたいのか？」と自問自答したら、それは「本を書くほう」という結論が出た。テレビの仕事があると、自由に海外へ取材に行けないということもありました。

津田　池上さんはたくさんの本を出版されていますが、その中でも特に力を入れているように見えるのは、中東問題やアフガニスタン問題などの世界情勢です。世界情勢について興味を持ち始めたのは、いつ頃からですか。

池上　それは「週刊こどもニュース」をやっている頃だったかな。中東問題を解説しなくてはいけなくなったのが、きっかけでしたね。

ジャーナリストには二つのタイプがいる

池上　反対に聞かせてください。津田さんの考える「理想のジャーナリスト」というのは、どんな人ですか。

津田　僕は田原《たはら》総一朗さん【注8】が好きなんです。田原さんは「朝まで生テレビ！」の印象が強くて、「とにかく人の話を聞かないおっさん」みたいなイメージを持っている人も多いと思います。でも、実際に田原さんが一対一で取材をするときは、ものすごく人の話を「聞く」のがうまいんです。数年前、初めて田原さんからインタビューを受けたときに、「なんてこの人は話を引き出すのがうまいんだ！」と目からウロコが落ちたんですね。自分が人にインタビューするのが好きだということもあって、より衝撃が大きかった。

池上さんとは少しやり方が違いますが、田原さんも、知らないふりや馬鹿のふりをしながら、人を油断させて、ズバッと核心に切り込むのがすごくうまい。
田原さんは、ある番組でこんなことをおっしゃっていました。
結局、ジャーナリストには二つのタイプがいる。「事実を伝えて、その結果として世の中が変わっていけばいいなと思うタイプ」と、そうではなくて、もっとアクティビスト寄りで「世の中を変えるためにジャーナリズムを手段として使うタイプ」に分かれるんだと。

池上　その分け方で言うのであれば、私は、前者の事実を伝えるだけのタイプですね。もっと言えば、事実を「分かりやすく」伝えるところまでしかしません。そこから先はみなさんで判断して欲しいし、私自身は色気を出してはいけないと思っています。

津田　僕も、そういうところはあります。ただ、著作権の問題などでは、政府の委員会に入ったりして、直接的に世の中に働きかけていくアクティビストとして活動している面もあります。そして僕自身は、そういう活動が嫌いではない。だからどちらの要素もあると思います。自分の書いた原稿や出演した番組でのトークが読者や視聴者から「分かりやすい」と言われると、めちゃくちゃ嬉しいんです。一方で、「伝えることで何が変わるのか」についてもある程度の手応えが欲しいという気持ちも強い。

ただ、あえてどちらかを目指すというのであれば、「伝える」ことに重きを置いたジャーナリストということになるのかもしれません。究極的には池上彰さんと田原総一朗さんの両面を持ったようなジャーナリストになりたいですね。欲張りな話ですけど（笑）。

池上　客観的に津田さんの活動を見ていると、とにかくさまざまなメディアの可能性を見つけてくれているな、と思いますね。

津田　そこは、どこの色にも染まっていないからだと思います。新聞の人間でもないし、テレビの人間でもない。あえて言うなら、雑誌の人間でしょうか。IT関連のフリーライターからキャリアがスタートして、音楽の仕事もしたし、ラジオのパーソナリティもやりましたし、とにかくいろんな仕事をしてきました。ジャーナリスト一本でここまできたわけでもないので、どのメディアに対しても一定の距離が保てているのだと思います。

高校生のとき、僕は新聞部だったんです。部活動は大好きだったんですけど、原稿を書くことは好きではありませんでした（笑）。当時から「辛いなあ」と思いながら文章を書いていた。いまだに「どうしてこんなに辛いことをやってるんだろう」と思うことがあるわけですけど、やはり何というか、「届く」ことの喜びを知ってしまったんですね。その点は池上さんと同じだと思います。

新聞を作っているときはすごく辛い。でも新聞ができて、朝の七時くらいに教室に並べている瞬間と、それを友達が読んでくれて「よかったよ」と言われる瞬間が、ものすごく楽しかった。たぶん、その「情報が伝わった」喜びを味わうために僕はジャーナリストをしているんだろうなと。その喜びはいまだに続いています。だから、僕はどのメディアも同じように好きなんです。テレビも新聞もネットも、それぞれに良さがあって、それぞれ大好きなんです。

池上　とてもいい話を聞いたので、私も新人の頃のお話をしますね。ＮＨＫは、入局するとまず新人研修があります。私のときは、東京で二ヵ月間の研修を受けました。そのあと地方に行くんですね。私も研修中は先輩と一緒に取材していました。

するとある日、「池上、今日はお前が原稿を書いてみろ」と言われて、初めて原稿を書いたんです。ローカルニュースの原稿だったのですが、原稿を提出したあと、お腹が空いたので蕎麦屋に入った。そこで蕎麦を食べていたら、たまたまその店にはテレビがついていて、ちょうど私の書いた原稿をアナウンサーが読んでいた。それを蕎麦を食べに来たお客さんたちがみんな見ているわけ。……あれは快感でしたね。「ああ、これオレが書いた原稿だ」って。「届いた」ときの喜びを初めて知った瞬間でしたね。

津田　実は僕、本の発売日は絶対に本屋に行くようにしているんです。自分の本が本屋に並んでいるところを見たいですから。並んでいるところも見たいし、それを誰かが買ってくれていたら、ものすごく嬉しい。

池上　今は、出版される本が多くなってしまったのでわざわざそのためには行かなくなりましたが、昔は、私も自分の本が出るときには必ず本屋に見に行っていました。目の前で買ってくれる人を見ると、本当に嬉しいですよね。

【注】解説

【注1】『伝える力2』（池上彰／PHPビジネス新書／2011年）

【注2】TPP

「Trans-Pacific Partnership」（環太平洋戦略的経済連携協定）の略称。アジア太平洋地域の貿易自由化を目指す枠組み。2006年5月にチリ、シンガポールを含む4ヵ国で発効され、12ヵ国が参加し、2015年10月に大筋合意した。国内では発効に向けての審議が進められている。

【注3】福島瑞穂（1955年〜）

宮崎県生まれ。参議院議員。弁護士を経て1998年に参議院議員選挙に出馬し初当選。2003年より社民党党首を務め、2013年に辞任。2010年1月からツイッターで発信を始めている。

【注4】志位和夫（1954年〜）

千葉県生まれ。衆議院議員。1993年に衆議院議員選挙に出馬し初当選。2000年より日本共産党委員長を務める。

【注5】共産党の伝統的な統一戦線方式

「統一戦線」とは、複数の政党や団体が共通の政治目的のために合同で活動すること。もともとは、第一次世界大戦後のコミンテルン（共産主義政党による国際組織）で労働者階級の支持者を広く集めるための政治戦術として提起されたのをきっかけに、政治用語として定着していった。

【注6】『伝える力』（池上彰／PHPビジネス新書／2007年）

【注7】豊後水道の「水道」って何？

「週刊こどもニュース」に寄せられた小学生の素朴な質問に対して、池上氏はまず「水道」には「海峡」と同じ意味があること、次に地図上の定義に違いがないこと、さらに「水道」と「海峡」に名前が分かれている由来について紹介した。

【注8】田原総一朗（1934年〜）

滋賀県生まれ。ジャーナリスト。1987年から現在まで政治討論番組「朝まで生テレビ！」（テレビ朝日系列）の司会を務める。論客に対して反論したり、遮ったりしながらそれぞれの本音を引き出していく独特の〝仕切り〟で知られる。

第五章

池上流・情報ストック術

知識と情報をストックする方法

津田　普段は、どのように情報のインプットをされていますか。

池上　基本は毎朝十の新聞をバーッと見ています【注1】。隅から隅まで読むわけではなくて、各新聞の一面トップをざっと見る。もし特ダネがあれば、きちんと読む。それから二面、三面と順番に見出しを追っていきます。そうして「昨日はこんなことが起きていたんだな。今日はこんなことがあるんだな」と分かったら、仕事に行きます。夜になって昼間の活動を通して知りたいことが出てくれば、ネットで検索をして調べる。最後に、寝る前にあらためて新聞をもう一度開いて、大事な記事が出ているページだけをビリビリと破ります。朝のうちに全体がだいたい頭に入っていますから、そんなに時間は使いません。

津田　スクラップをされているんですね。

池上　スクラップまでする時間もなかなかないので、とにかく記事を破って、畳んで積み上げておく。それ以外の部分は、古紙回収に出します。そうしていると、だんだん残しておいた記事が貯まっていく。それを、どこかの段階であらためて目を通すんです。すると、本当に重要だったニュースが見えてくる。つまり、「このニュースが大きなニュースなのかどうか」ということは、実際に報道があった時点ではなかなか判断できないわけです。

ニュースバリューを、時間に判断してもらうというのが、私の工夫です。「これは面白そうだけど、それほど大事なニュースじゃないかもな」と思って一応積み上げておいた記事を、一ヵ月、二ヵ月経ったあとにあらためて読んでみる。すると、「やっぱりたいしたニュースではなかった」という場合もある。そう思えば、そこで古紙回収に出せばいい。もし、「これは思いのほか大事なニュースだった」と思えば、そこでじっくりと読み返すんです。

津田　なるほど。それは参考になります。重要なニュースというのは、時間をかけて影響が出てきたりしますから、そこからじっくり勉強しても、十分に間に合うんですね。

池上　そのほかにインプットの方法としては、分からないことがあった場合は、専門書を買ってきて徹底的に勉強するようにしています。

具体的に何をするかというと、まずはリアル書店に行く。今はネット書店もありますが、ネット書店で本を見つけようと思うと、キーワード検索をする必要がありますね。まあ、最近はレコメンド機能が優れたものになってきたので、一度でも本を注文すれば、似たようなテーマを取り扱ったオススメ本を教えてくれるようになっていますけれども。とにかく、書名に自分の知りたいキーワードが入っていないけれども、重要な本というのはたくさんあります。それを見つけにリアル書店に行く。

少し大きめのリアル書店で何をするかと言うと、知りたいテーマが集まった「棚」の前に行きます。そうすると、キーワードが書名に入っているものも入っていないものも含めて、全体として「このテーマでは、こんな本が出ているんだ」ということが分かる。

津田　本を一冊一冊探すのではなくて、まずは「棚」を見るといいと。それができるのは書店ならではのメリットですね。

池上　そうです。その棚をざっと見て、そこにある中で参考になることが書いてありそうな本をまとめて買ってくる。実際には、一つのテーマで十数冊の本を買ったとしても、本当に大事なことが書かれている本、これだけは読んでおかなければならないなと感じる本というのは、二冊か三冊です。残りのものは、その重要な本を単にまとめたものだったりします。

津田　なるほど。そうやって全体を見るクセを付けておくと、「駄目な本」の見極めもできるようになりそうですね。

池上　もちろん「ああ、これは買って失敗したな」という本は今でもたくさんありますが、確かに駄目な本の見極めは上手くなっているかもしれません。

何冊かの本を読んで、そのジャンルの本質を知識として仕入れておくと、その後、新聞の記事を読んだときにも「ああ、あの話は今はこうなっているんだ」ということが見えてくる。本を読むことで、ニュースの見え方に奥行きが出てくるんですね。

津田　かなり忙しい日々を送っていると思いますが、本はいつ読まれていますか。

池上　NHK時代は、会社と家の行き帰りの電車の中で読んでいましたね。今は大学との往復や新幹線の中、海外に行く場合の飛行機の中で読むことが多いですね。仕事場で原稿を書いているときは、なかなか本を読めません。移動しているときに、一番本を読める気がします。

でもときどき、自分に基礎的な知識がない分野について下地を作ろうとする場合には、それこそ机に向かって一生懸命勉強するように読むこともあります。一度基礎が分かってしまうまでが大変なんですが、それをやっておくかサボってしまうかでは、後々になって違いが出てくるんですね。基礎が分かってしまえば、あとは日々のニュースを追いかけているだけで、「なるほど、こうして展開しているんだ」と理解できるようになります。

基礎を分かっておくと、ニュースを見る時間も短縮される、というのは本探しにも当てはまりますね。本屋さんに毎日通っていると本屋さんでの滞在時間もどんどん短くなっていくんです。

つまり、毎日、棚の様子を見ているわけですから、新刊書のコーナーに行っても、どの本が新しく出たのかにすぐに気付く。だから、その本だけチェックすればいいんです。

津田 お気に入りの書店はありますか。

池上 池袋のリブロでした。もうなくなってしまいましたが、カルチャーの先端を担っていたと思います。とんがった本がこれでもかとばかりに並んでいて、刺激を受けたものです。ビジネス書が充実しているのは、丸の内の丸善ですね。

津田 専門書を読まれるという話がありましたが、僕は新書がすごく好きなんです。それで、本で情報を収集しようと思うときは、つい新書から入ってしまうんです。池上さんは新書は読まれますか。

池上　新書はワンテーマをコンパクトにまとめてくれますからね。さまざまなジャンルについて、手っ取り早く理解するためには便利です。コンパクトとは言え、一定のページ数もあるので、それなりに深く知ることができる。

津田　当たりはずれが大きいところはありますけれども。まあ、それは立ち読みをすれば、だいたいは分かります。

池上　本を開いてみて、文字がスカスカで中身も薄い本はもちろん買いません。新書は昔、岩波、中央公論、講談社の新書を合わせて「新書御三家」と呼ばれていました。もともとは、大学教授が自分の研究しているジャンルについて、一般の人にも分かりやすく解説するというものがほとんどでした。ただ今は、直近のさまざまな問題について、いろんな立場の人が解説してくれる媒体になっていますので、とても役に立ちます。ですから、私もよく利用していますよ。毎月発行される新書をまるごと送ってくれる出版社も二社ほどありますし。これは嬉しいですね。

津田　定期的に読んでいる雑誌はありますか。ちなみに、僕が定期的に購読している雑誌は『ニューズウィーク日本版』くらいでしょうか。最近は朝日新聞の論壇委員を務めている関係もあって、『世界』『文藝春秋』『中央公論』『Journalism』『潮』といった論壇誌のメディア関係の記事も定期的にチェックしていますが。

池上 『ニューズウィーク日本版』は、日本の雑誌と違う視点が新鮮ですよね。月刊誌としては、『文藝春秋』『新潮45』『創』を定期的に読み、特集テーマによっては『中央公論』も読みます。

津田 週刊誌は買いませんか。

池上 一般の週刊誌は買いませんね。新聞の広告を見るとだいたい内容が分かってしまうので。『週刊文春』は連載しているので、毎週送られてきます。『週刊ダイヤモンド』『週刊東洋経済』『週刊エコノミスト』などの経済週刊誌は、それぞれの特集を見て、面白そうだと思ったものをよく買っています。定期購読をしているのは、『日経ビジネス』『FACTA』『選択』『TIME』でしょうか。『選択』と『FACTA』は隅々まで読んでいます。

津田　テレビのニュースは見ますか。

池上　テレビは見ません。

津田　「テレビは出るものであって、見るものではない」ということですか。

池上　そうです（笑）。先日、『ＡＥＲＡ』の編集者から「今度、テレビもまだまだ捨てたものではない、という特集を組みたいので、お好きなテレビ番組を教えてください」と言われたのですが、「すみません、テレビは見ません」と答えたんですよ。

津田　テレビは、時間あたりの情報収集効率が悪い気がしますよね。二時間番組を見るよりも、二時間で本を一冊読んでしまったほうが良いように思います。

池上　しかも、テレビは二時間番組を見るのであれば、細切れであってもテレビの前にいなくてはいけませんからね。これは本当にもったいない。ですから、私は自分の出た番組も見ないんです。

津田　これまでの話を総合すると、池上さんは、インプットに関しては、本当に活字が中心ですね。

池上　そうなりますね。

津田　僕の場合は、三割が活字で、三割はネット。あとの四割は「人づて」という感じでしょうか。会食をしたり、取材をしたりする中で仕入れる情報は、その内容も貴重なものであることが多いです。こういう話をすると、意外に思われるんです。どうやら僕は、全部ネットから情報を得ていると思われているようで。

池上　「人づて」は非常に重要だと思います。私もこうした対談などからよく情報を得ていますよ。それにしても、津田さんのメールマガジンに書かれている日記を読んでみると、たくさんの人に会っていますよね。

津田　ところで僕のメルマガはいかがでしょうか。

池上　もう本当に面白くて隅から隅まで読むこともあれば……。見出しだけ読んで「今週はパス」のようなときも、もちろんあります（笑）。

本の豊かさをツイッターが増幅させてくれる

池上　実は私もいろいろなところから、「早くメールマガジンを出せ」と言われているんです。言われているんですけど……。

津田　本にこだわる理由があるわけですか。

池上　そうですね。私は「活字」というより、「本」が大好きなんですよ。本屋さんで本に囲まれていると、とても幸せな気持ちになれる。だから私の書いたものも、その仲間に入れて欲しいと素直に思うんです。

また、本というのは、ストックですよね。テレビなどで流れていくフローに身を晒《さら》しながら、そこで取材をしたり、調べたりして得た知識をストックとして自分の形に結実させていく。流れていくフローと、形になっていくストック。このバランスが重要で、文章を書くとすれば、ストックになるようなものにしたい気持ちがあります。

津田　池上さんは、細かくアウトラインを作ってから本を書くほうですか。

池上　モノによります。一応、最初に全体の構成は作ります。構成を作る、つまり、目次を作った上で、それぞれのところに、どのような要素を入れていくかを思いつくままにメモの形でどんどん書き込んでいく。これは、いわゆるワープロソフトができたからできるようになった手法です。そのメモがある程度増えていったところで、「これなら書けるな」と判断します。そうして章ごとに一つ一つ書き進めていきます。

津田　その執筆方法にもっとも有効なのが、実はツイッターだと思うんです。細かいアイデアを自分の中に溜めておくのではなく、フローとしてツイッターに書き込んでしまう。もちろん、あとで自分の書いたツイートを拾うこともできるし、読者からのさまざまな意見をもらうことができる。その意見をざっと読んで、「そうか。みんなはここに興味があるのか。それならもっと取材してみよう」とか、「ここは思ったよりも反応が鈍いな。もっと別の切り口で書いてみようか」とか、考えることができるようになる。つまり、ツイッターは使い方によっては、本の代替になるというより、より良い本を作るために機能してくれる面があるんです。

それに本が出版されたあともプラスに働きます。例えば僕の場合、本を出すと、その本を読んだ人が数千もの単位で感想をつぶやいてくれるんです。そのツイートを僕が端からリツイートしていくと、まるで僕の本を読んでくれたみんなで読書会をしているような雰囲気になる。「自分はここが面白いと思って読んだけど、この人はここに刺さったのか」「この人が指摘しているように、ここは確かにちょっと論理の補強が必要かもしれないな」といったふうに、読書をより豊かなものにしてくれています。

池上さんが本のことが大好きだと言うのでしたら、ツイッターではコンセプトを決めて、本のことしかツイートしないというのも面白いと思います。全部の質問に答えるのではなくて、あくまで自分の本を豊かにするためにツイッターを使うというスタンスが池上さんらしくて良い気もしますね。

池上　なるほど。確かに本の感想を通じて、読者とつながりたいという気持ちはありますね。それをツイッターが増幅させてくれるというわけですか。それはいいですね。町を歩いていて「いつも見ています」と言われるよりは、「○○という本を読みました」と具体的な本の題名を言われたほうが、本当に嬉しいですからね。

ツイッターに関しては、津田さんにお詫びしなくてはいけません。日本テレビの「池上彰くんに教えたい10のニュース」【注2】という特番の中で、津田さんから「ツイッター始めるんでしょうね」と言われたのですが、私は「考えます」と言ったきりになっていました。まだツイッターを始めていません。ごめんなさい。

津田さんが、震災直後、日本中が大混乱していた中で情報のハブとしてツイッターを使っていたことや、『思想地図β　vol・2　震災以後』【注3】という本の中で紹介していた東北での救援支援活動でツイッターが非常に役に立ったということを見聞きして、私はとても反省しています。「俺は何をしていたんだろう」と本当に思いました。

その一方で、これは前にも言いましたけれど、ツイッターを始めて、フォロワーからさまざまな質問がきたら、みんなに対応してあげなければ申し訳ないとも思っているんです。でもそれをしてしまうと、ほかのことが何もできなくなってしまう。そこでつい二の足を踏んでいる状態です。

津田　日テレの特番の収録は、ちょうど「アラブの春」が起き始めたときでした。「アラブの春」についての一番生々しい情報は、ツイッターから出ていたので、当然、池上さんはツイッターを追いかけていた。そのタイミングでもしかしたら始めてくれるんじゃないかなと思っていたのですが、そのあと3・11があって、おそらく池上さんはそれどころではなくなってしまった。そこが残念ですね。

池上　でも、もし私が突然「ツイッターを始めなくてはならない！」と思って始めても、きっと何にもならないと思うんです。例えば、東日本大震災のときに、津田さんがツイッターを通して情報のハブになれたのは、それまで常にツイッターで発信していたからですね。これまでの積み重ねがあったから、いざというときにも、「あ、津田大介が流した情報なら信頼できる」と思ってもらえたわけです。

つまり、いざというときに役に立つためには、日頃から準備をしておかなくてはいけないのですが、今の私はその準備をする時間がないということで、そのジレンマに陥っています。

津田　でも、池上さんが「ツイッターを始める」ことは多くの人から求められていると思います。きっと本当に始められたら、たぶん二日で僕のフォロワー数を超えると思いますね。数日のうちに五〇〇万フォロワーを獲得できるし、しっかり使っていただければ一〇〇〇万フォロワーも難しくないと思います。

池上　今後はまた状況が変わるかもしれませんが、今はできるだけ縛られたくないんです。とにかく今は、海外も含めて、好きなときに好きなところに取材に行ける。そしてそれを本にする、という生活が充実しているので、もう少し待っていてください。

複雑な問題の複雑さを分かりやすく伝える

津田　世の中というのは、すごく複雑ですよね。政治の問題にしても、経済の問題にしても、社会の問題にしても、それぞれ一筋縄ではいかないものばかりです。そしてその複雑さは、社会が成熟するにしたがってどんどん増しているように思います。

その中で、僕ら「伝える」側の人間には何ができるのか。複雑な問題を分かりやすく伝えるだけでは、もう追いつかない気がするんです。池上さんもおっしゃっていましたが、誰かがみんなを引っ張る時代でもないと思うんです。みんなが物事の仕組みを理解して自発的に動いてもらわないといけない。そういう時代において、必要なのは、複雑な問題を分かりやすく「複雑なんだよ」と伝えることなんじゃないでしょうか。今僕が大きなテーマとして考えているのはそのことですね。

こう考えるようになったきっかけは、二〇一二年十一月に当時の民主党政権が行

Point

How to interpret TV, Newspapers and the Internet

った「新仕分け」に「ネットのコメント拾い係」として参加させてもらったことなんです。新仕分けは一般傍聴のお客さんは入れず、ユーストリームとニコニコ生放送だけで中継した。僕はこの生放送内で、「仕分け」をリアルタイムで見ている人がツイートした意見を「仮仕分け人」のような人格で、「こういう意見が来ています」「ああいう意見が来ています」とまとめていたんですね。当然、仕分けは真剣な議論ですから、仕分けされる担当の官僚などに、ネットから来た良い質問をぶつけたりした。それによってかなり深く問題を追及することができたんですね。「お、ネットも捨てたもんじゃないじゃん」っていう。ネットを通じた間接的な政治参加の可能性を示した意味でも、あの仕分けはものすごく新しいやり方だなと思いました。

そして、この番組が終わったあとに、岡田克也議員【注4】が会見で「こういう形で仕分けができてよかった。複雑な問題はそんな簡単には解決できないということを、ネットの人たちが分かってくれたんじゃないか」とおっしゃっていたんです。この発言には真理が含まれているなと深く納得したんですね。複雑な問題を「これだけ複雑なんだよ」と分かりやすく伝えることで、みんなが考えるきっかけが生まれる。

「世の中、そんなに単純じゃないよね」ということを、みんなが頭の片隅に置いておけば、検討にも値しないおかしな陰謀論も少なくなるはず。僕が情報を発信することで、そういう方向に世の中を動かしていくことが、自分の役割なのかなと思っているんです。

池上　「世の中はそんなに単純じゃない」ということを世間に伝えていくのは、確かにジャーナリストとして大事なことでしょうね。私は「分かりやすく」伝えようとはしますが、「単純だ」と伝えることはしていないつもりです。そういえば、掘り下げて考えると「週刊こどもニュース」で私が中東問題を取り上げた理由も、そういうことなのかもしれません。簡単には説明できないことを取り上げて、みんなに「世の中は単純ではない」ということを伝えたかったのかもしれない。毎回、「そもそも」というところから、説明を始めていましたから。

津田　特に子どもは「じゃあ、なんでこうしないの?」と聞いてきますから、そこでごまかさないで、「でも、こういう事情があってそれはできないんだよね」と答えていくと、「なるほど。どうすれば、その複雑なパズルを解いていけるんだろう」

というふうに議論が展開していきます。だから、質問をした子どもだけでなく、その展開を見ている視聴者みんなが深く考えるきっかけになっていたはずですね。

池上　日銀の金融緩和問題であれば、単に「金融緩和とは、日銀が世の中にお金をジャブジャブに回すことを言います」と、ざっくりとした言い方で片付けてしまうこともできる。でも、やっぱり「世の中にお金をジャブジャブに回す」と言っても、具体的にどうやってそれを行うのか、それをするとどのような影響が出てくるのかといったことを伝えたい。ただ単語の意味を覚えてもらうのではなくて、仕組みを理解してもらいたい。それは言い換えれば、「単純化はしない」ということなんですよね。

しかし、いい言い方ですね。「複雑なことを分かりやすく『複雑だ』と伝えて、分かってもらう」——これは、本当に大事なことです。自分に都合の良いように説明しようとしたり、説明するのが面倒くさくなって、乱暴に単純化しようとするから、いろいろな問題が起きる。

津田　ここで言う「複雑さ」は、図解して分かりやすく見せたりすることで解決するものではないんですよね。なぜかといえば、複雑なものはどれだけ工夫して分かりやすく説明しても、複雑だからです。

原発の問題がまさにそうです。考えていけばいくほど「これはどうすれば解決できるんだろう」と思わざるを得ません。単に「原発をゼロにする」と言うのも、単に「原発は安全だ」と言うのも、物事を単純化しています。「ゼロにするには、これだけたくさんのデメリットを受け入れる覚悟が必要だ」としっかり理解しなくてはいけないし、もちろん「もし原発を受け入れるのであれば、これだけのリスクがある」と分かっていなくてはいけない。そこに、政治的な対立や陰謀論も入ってくるわけです。それらすべてを包括した上で議論をしていかないと、実のある結論には至らない。だから、少なくとも僕は、読者や視聴者が飽きないような工夫をしながら、決して単純化をさせない覚悟のようなものをもって、情報を発信していきたいなと思っています。

【注】解説

【注1】池上彰が毎朝読む十の新聞

朝日新聞、毎日新聞、読売新聞、日本経済新聞、産経新聞、東京新聞、中国新聞、信濃毎日新聞、朝日小学生新聞、毎日小学生新聞。

【注2】「池上彰くんに教えたい10のニュース」(2011年3月18日放送。日本テレビ系列)

【注3】『思想地図β vol・2 震災以後』(東 浩紀/合同会社コンテクチュアズ/2011年)

【注4】岡田克也(1953年〜)

三重県生まれ。衆議院議員。1990年衆議院議員に初当選。93年に自民党を離党し、新生党に参加。98年民主党(現・民進党)結党後は党の政調会長、代表などを歴任。2012年1〜12月、野田内閣では副総理に。党の代表を経て、民進党の初代代表も務めた(2016年3月〜9月)。

対談を終えて

さながらオールドメディア代表とニューメディア代表の対談でした。既存の大手メディアに身を置いてきた私と、組織に属さずに自力で道を切り開き、ツイッターでの発信が「tsudaる（津田る）」と呼ばれるまでに実績を残してきた津田さんとの対談は、噛み合うはずがないと思っていたのですが、意外にも話が弾みました。津田さんとは、過去にユーストリームやニコニコ生放送で対談して以来、なぜかお互いウマが合い、この一冊を出すに至りました。対談テーマは、テレビや新聞、ツイッターなどのウェブ媒体と、メディアのあらゆるジャンルに及びました。

今、既存のメディアは、東日本大震災以来、危機に立たされています。原発事故に関する報道が、当局の発表をなぞるしかないものに陥ったため、「マスゴミ」と罵倒されるまでになりました。

しかし、です。既存のメディアを過大評価しているから、こういう批判が出て来るのではないか。例えば民放各局の原発報道。「当局発表の垂れ流し」と批判されても、そもそも局内に専門家がいないのですから、独自の報道などできません。日頃から専門家とのネットワークを作っていないと、どこにどんな専門家がいるかも分かりません。事故直後には、専門分野が異なる〝専門家〟がテレビに出演していました。原子力を研究テーマにしている専門家の多くが原発推進派ですから、おのずと解説のトーンも決まってしまいます。

さらに、取材は現場を見なければ始まりませんが、原発事故では、近づくことができません。結局、発表頼みの報道になってしまったのです。

そのこと自体は、批判されて当然のことですが、そもそも報道統制などなく、局内のスタッフの多くが、どうしていいか判断しかねて、呆然《ぼうぜん》としていたのです。残念ながら、これがメディアの実態だったのです。

そんなオールドメディアの体《てい》たらくに対して、津田さんは、ツイッターを駆使。必要とされる情報を人々に伝え続けました。その津田さんが、既存のメディアをどう見ているのか。実にしなやかなメディア論を聞くことができました。

オールドメディアとニューメディアは対立するものではありません。メディアの人間なら、あらゆる媒体を使って情報を届けようと考えるのは当たり前のこと。そのために何ができるのか。この対談から汲み取っていただければ幸いです。

池上彰

文庫化あとがき　池上 彰

世の中に溢れる情報と、どう付き合うか。これは多くの人の悩みでしょう。いわゆる、マスコミの情報が信じられず、「ネットの中にのみ、真実がある」とまで考える人さえ出ています。いわゆる、マスコミを〝マスゴミ〟と嘲《あざけ》る人たちです。

ところが、そのネットに流れる情報の多くは、もともと新聞に掲載されたり、テレビで放送されたりしたものです。あるいは、そのニュースに触発されたコメントです。つまり、「ネットの中」には、多数のマスコミ情報が流通しているのです。であるならば、まずは「マスコミをどう読み解くか」という点から考えることが、情報と付き合う上での大事なポイントでしょう。

メディアとどう付き合うか、メディアの情報をどう読み解くか。その力を「メディア・リテラシー」と言います。このメディア・リテラシーを身に付けることで、溢れる情報に溺れないですむようになるのです。

津田大介さんと会って話すたび、彼の鋭い視点と新鮮で豊富な情報には唸《うな》らされます。オールドメディアを歩んできた私と、ニューメディアの旗手との対話は、新しい発見に満ちているはずです。私と共に学んでいきましょう。

文庫化あとがき　津田大介

ここ数年、人前でメディア・リテラシーについて講演する機会が増えました。その際、説明でよく利用するのが、どこに視点を置くかで意味が入れ替わってしまう「だまし絵」です。人はパッと見たときの印象で物事を判断する。でも、それは視角だけでなく「情報」も同じ。情報にだまされないようにするには、複数の視点を持って情報を主体的に解読する力を身に付けなければなりません。

二〇一三年刊行の本書の親本を今回読み直してみて思ったのは、三年前より今のほうが本書の有用性は高まっている、ということでした。多様化する情報社会の中でどう情報と接するべきか、一つのかたちは示せたんじゃないかと。メディア・リテラシーを学びたい人に出会ったら、ぜひ本書を推薦していただければ幸いです。

仕事柄、いろいろな人にインタビューしたり、討論したりしていますが（僕の名刺データベースには二万人のデータが登録されています）、池上さんほど知的好奇心に満ち溢れ、情報を「伝える」ために世界中を飛び回っている人をほかに知りません。ぶっちぎりの一番です。決して追いつけないその背中に何とか食らいつかねばといつも思っています。これからも高い目標であり続けてくださいね、師匠！

本書の内容は、二〇一三年一月八日に六本木アカデミーヒルズで行った対談録り下ろしと、翌年三月一〇日のニコニコ生放送「情報で世界は変わるのか？」に大幅な加筆修正をし、再構成したものです。

著者両氏の対談には、当時の状況・時勢が反映されています。必要に応じて適宜更新しましたが、文意から判断してそのまま文庫収録した記述もあります。ご了承ください。

本書は、二〇一三年七月に夜間飛行より刊行された『メディアの仕組み』を文庫収録するにあたり、改題・新編集したものです。

【著者紹介】

池上 彰

（いけがみ・あきら）


1950年、長野県松本市生まれ。

ジャーナリスト。名城大学教授。東京工業大学特命教授。

慶應義塾大学経済学部卒業後、NHK入局。記者として数多くの事件や社会問題を取材する。その後、94年4月からの11年間、NHKテレビ番組「週刊こどもニュース」のお父さん役として活躍。わかりやすい解説で、子どもから大人まで幅広い人気を得る。2005年にNHKを退局、フリージャーナリストに。現在も、執筆・取材活動を中心に、各種メディアで精力的に活動している。

主な著書に『[図解]池上彰の 政治と選挙のニュースが面白いほどわかる本』『[図解]池上彰の ニュースの基本が面白いほどわかる本』『[図解]池上彰の 世界の宗教が面白いほどわかる本』（以上、中経の文庫）、『これが「日本の民主主義」!』（ホーム社）、『はじめてのサイエンス』（NHK出版）、『考える力がつく本』（プレデント社）などがある。

津田大介

（つだ・だいすけ）


1973年、東京都生まれ。

ジャーナリスト／メディア・アクティビスト。

「ポリタス」編集長。一般社団法人インターネットユーザー協会（MIAU）代表理事。

早稲田大学社会科学部卒業。IT・ネットサービスやネットカルチャー、ネットジャーナリズム、著作権問題、コンテンツビジネス論などを専門分野に執筆活動を行う。

ポップカルチャーのニュースサイト「ナタリー」の設立・運営にも携わる。3.11後は被災地の取材を精力的に行い、ライブイベント「SHARE FUKUSHIMA」を開催するなど、現在も地域復興に関わり続けている。

2011年9月より、週刊メールマガジン「津田大介の『メディアの現場』」の配信を開始。

主な著書に『未来を変える 情報の呼吸法』（中経の文庫）、『Twitter社会論』（洋泉社）、『ウェブで政治を動かす!』（朝日新聞出版）など、寄稿に『思想地図β vol.2』（合同会社コンテクチュアズ）などがある。

中経の文庫
池上彰×津田大介　テレビ・新聞・ネットを読む技術
2016年12月15日　第1刷発行

著　者　池上 彰（いけがみ あきら）　津田大介（つだ だいすけ）
発行者　川金正法
発　行　株式会社KADOKAWA
〒102-8177 東京都千代田区富士見2-13-3
0570-002-301（カスタマーサポート・ナビダイヤル）
受付時間 9:00～17:00（土日 祝日 年末年始を除く）
http://www.kadokawa.co.jp/

DTP 金澤浩二（FUKIDASHI Inc.）　印刷・製本 暁印刷

落丁・乱丁本はご面倒でも、下記KADOKAWA読者係にお送りください。

送料は小社負担でお取り替えいたします。

古書店で購入したものについては、お取り替えできません。

電話049-259-1100（9:00～17:00／土日、祝日、年末年始を除く）

〒354-0041 埼玉県入間郡三芳町藤久保550-1

ISBN978-4-04-601839-7　C0130